未来城市

**数字时代的
城市竞争力重塑**

WeCity未来城市项目组◎著

浙江大学出版社

图书在版编目（CIP）数据

未来城市：数字时代的城市竞争力重塑 / WeCity未来城市项目组著. —杭州：浙江大学出版社，2022.2
　　ISBN 978-7-308-22048-4

　　Ⅰ.①未… Ⅱ.①W… Ⅲ.①城市学 Ⅳ.①C912.81

中国版本图书馆CIP数据核字（2021）第252150号

未来城市：数字时代的城市竞争力重塑
WeCity未来城市项目组　著

策　　划	杭州蓝狮子文化创意股份有限公司
责任编辑	张一弛
责任校对	陈　欣
装帧设计	张志凯
出版发行	浙江大学出版社
	（杭州市天目山路148号　邮政编码　310007）
	（网址：http://www.zjupress.com）
排　　版	杭州林智广告有限公司
印　　刷	杭州钱江彩色印务有限公司
开　　本	710mm×1000mm　1/16
印　　张	14.5
字　　数	150千
版 印 次	2022年2月第1版　2022年2月第1次印刷
书　　号	ISBN 978-7-308-22048-4
定　　价	59.00元

版权所有　翻印必究　　印装差错　负责调换

浙江大学出版社市场运营中心联系方式：0571-88925591；http://zjdxcbs.tmall.com

编委会

主任：

司　晓　腾讯研究院院长

罗朝亮　腾讯云副总裁

李　哲　腾讯云副总裁

副主任：

刘　琼　腾讯研究院产业经济研究中心主任

王　刚　腾讯云解决方案平台部总经理

胡林红　腾讯云城市云总经理

赵明君　腾讯云 WeCity 未来城市总经理

滕一帆　腾讯云 WeCity 未来城市技术平台总监

编写人员

刘　琼　腾讯研究院产业经济研究中心主任

李瑞龙　腾讯研究院高级研究员

周政华　腾讯研究院策划中心负责人

吴朋阳　腾讯研究院智慧产业研究中心主任

刘金松　腾讯研究院资深专家

袁　媛　腾讯研究院资深专家

王　鹏　腾讯研究院资深专家

徐一平　腾讯研究院研究员

张小可　腾讯云政策研究和规划总监

肖　坦　腾讯云 WeCity 未来城市首席架构师

董　婷　腾讯云数字政务运营高级总监

刘　燕　腾讯云区域解决方案平台部运营总监

许　永　腾讯云 WeCity 未来城市解决方案总监

段胡胡　腾讯云 WeCity 未来城市一网统管产品总监

李明华　腾讯云 WeCity 未来城市智慧社区产品总监

沈　宁　腾讯云 WeCity 未来城市交付总监

向楚楚　腾讯云 WeCity 未来城市运营负责人

王苑瑜　腾讯云 WeCity 未来城市运营经理

邱　琳　腾讯云政务高级运营经理

朱　林　腾讯云 WeCity 未来城市项目经理

索飞飞　腾讯云 WeCity 未来城市资深架构师

刘　俏　腾讯云智慧社区运营经理

推荐序一

全球正在经历一个高速城市化的时期。根据联合国经济和社会事务部的研究报告[①]，2030年将有43个人口超千万的超大都市，预计到2050年，全球各地区的城市人口将全面超过农村人口。联合国人居署《2020年世界城市报告》指出，城市是从新冠危机中恢复和全球经济复苏的关键，城市化仍将是全球增长的动力。我国自改革开放以来，城市化进程明显加速，2011年我国城镇人口首次超过农村人口。2020年末，我国常住人口城镇化率已达到63.89%[②]，预计2050年之前，城

[①] 《世界城市化展望（2018版）》，https://www.un.org/development/desa/publications/2018-revision-of-world-urbanization-prospects.html。
[②] 《第七次全国人口普查公报（第七号）》，国家统计局，2021-05-11，http://www.stats.gov.cn/ztjc/zdtjgz/zgrkpc/dqcrkpc/ggl/202105/t20210519_1817700.html。

市化率拟达到70%以上。

城市化为产业调整、经济发展、科技进步、文化繁荣带来诸多机遇，例如，城市越大，人均财富和创新的机会就越多，工资和专利增长就越快。但与此同时，城市化也给就业、居住、能源和基础设施等方面带来了很多挑战，减轻城市贫困、应对城市环境恶化的压力也更加凸显。面向未来，城市经济、社会、环境的和谐发展至关重要。

智慧城市作为广泛、深入与综合的城市信息化工程，是解决城市发展进程中所面临的诸多难题与挑战的有效技术手段，也是全球城市化发展的必然趋势。考察我国智慧城市的发展，大致可以分为两个阶段。第一阶段是"建基础、建系统"，以行业领域信息化为中心，解决城市各领域的数字化、网络化问题，主要任务是信息基础设施以及各领域信息系统的建设，其典型应用为电子政务、数字城管等，这一阶段的特点是单一组织主导的信息系统建设，跨领域跨系统的协同相对较少。第二阶段是"破孤岛、互操作"，各类信息系统在提高本领域效率的同时，也成为一个个信息孤岛，形成了领域壁垒，造成跨系统数据流转和业务协同低效。为此，这个阶段的主要任务是打破孤岛，建立系统互操作机制，特点是以应用场景为中心进行数据的交换与集成，重点是解决跨系统、跨领域的数据流转和业务协同等问题。比如市民一卡通、"最多跑一次"政务服务等都是针对应用场景解决问题。这也是当前我国智慧城市建设所处的阶段。

当前，信息技术发展正在进入人机物（人类社会、信息空间与物理世界）融合泛在计算的新时代，以"软件定义一切、万物均需互联、一切皆可编程"为目标，追求"万物数字化"，数字化、网络化和智能化融合发展成为信息化新阶段的新态势。就我国而言，实施国家大数据战略、建设数字中国、发展数字经济已成为国家的战略选择，数字化转型、网络化重构和智能化提升将成为各行业领域进一步发展的必由之路。

我以为，对于智慧城市的发展而言，"全数化、建孪生"的新型智慧城市建设的第三阶段正在到来，这一阶段将以围绕大数据的智能服务与生态建设为核心，全面深入地实现数字化、网络化、智能化，以解决智慧城市巨系统的全局协同与持续演化问题。在这个阶段，城市作为人机物深度融合的典型场景，将通过全面数字化，构建城市的数字映像，进而将映像和现实关联，实现所谓的城市孪生。这样的智慧城市将是基于孪生的一个"感、联、知、控"环，即通过广泛部署的泛在传感设施感知城市动态、获取城市实时数据；将分布的异构系统广泛互联并无缝集成，确保城市数据的有效流通和高效汇聚；通过对多源异质的城市大数据进行融合分析，发现城市运行机理和规律，积累城市治理相关知识；基于对城市现状的认知做出相应的决策，优化城市资源管理，促进城市的演化。这个"感、联、知、控"环跨越映像与现实，无缝衔接人机物融合的三元空间。

我理解的人机物融合泛在计算，既是计算发展的一个新时代，也是计算呈现的一种新模式。为了实现人机物融合泛在计算，我们既要面临"云管边端物"乃至"人"的海量异构资源尤其是各种泛在化的"端"

资源的有效高效管理需求，又要面临应用需求变化频繁、应用场景动态多变的复杂的计算环境。从软件研究者的视角，我们既有的思维模式是：构建一个软件平台，向下屏蔽被管资源的异构性和复杂性，向上凝练沉淀应用共性；向下管理调度海量异构资源，向上提供支撑应用开发和运行的编程接口。实际上，这就是操作系统的求解问题思路，具体到智慧城市建设而言，我们需要构建一个城市操作系统。

近几年，我一直在大力宣传"软件定义一切"[1][2]。我所理解的软件定义的技术本质是：基础物理资源虚拟化 + 管理任务可编程，通过虚拟化及其应用编程接口（API）"暴露"硬件部件的可操控成分，以实现硬件部件的按需管理。"软件定义"是一种通过软件实现分层抽象的方式来驾驭系统复杂性的方法，体现出一种方法学和"平台化"的思维方式，SDX = OS for X，即通过"软件定义X"的方式来构造X的操作系统。同时，我们也看到，自软件定义网络（SDN）提出后，软件定义呈泛化和延伸态势，从面向硬件资源泛化到面向全栈资源，进一步延伸到物理世界和人类社会，实现人机物融合环境下各类资源的全方位按需互联互通。也正是基于这个认识，结合泛在计算这种新的计算模式，我提出我们需要构建一类新型操作系统，即泛在操作系统（Ubiquitous

---

[1] 梅宏、黄罡、曹东刚等，《从软件研究者的视角认识"软件定义"》，《中国计算机学会通讯》，2015 年第 1 期。

[2] Mei H. Understanding "software-defined" from an OS perspective: technical challenges and research issues. *Science China (Information Sciences)*, 2017, 60(12).

Operating System,UOS）①，支持新型泛在计算资源的管理和调度及泛在应用的开发运行。UOS是具有泛在感知、泛在互联、轻量计算、轻量认知、反馈控制、自然交互等新特征的新形态操作系统，其重点将是支持低功耗CPU的轻量、实时、可靠内核，以及"感、联、知、控"的共性框架。沿袭软件定义概念的泛化延伸态势，UOS也可被"广义"地用于指代那些基于单机操作系统（节点操作系统）、面向网络环境与场景的新型"中间件"层系统软件，遵循的是操作系统的"操作"和"管理"功能本质，支持灵活多样的资源虚拟化与异构性桥接能力，支持新型计算模式下的应用开发与运行支撑。基于对UOS的广义理解，支撑新型智慧城市运行的城市操作系统，也是一种泛在操作系统。

自2019年开始，我关注到腾讯在智慧城市建设方面提出WeCity未来城市的理念，近期又提出了未来城市开放操作系统WeCityOS，将其界定为城市数字化体系的核心中枢，对下管理城市设施和数字资源，对上支持数字化应用和场景需求。进而，在WeCityOS基础上，提出"轻应用、富场景、深连接"的智慧城市建设方法，旨在提升智慧城市建设的韧性、敏捷度和可持续性。这些理念和实践均深合我从软件技术视角对人机物融合泛在计算新模式的认知和探索，不管是"城市即平台"还是WeCityOS，我认为都是产业界在软件定义、城市操作系统等方面的积极探索和创新。正是基于我们共同的认知和追求，当被邀为腾讯研究

---

① Mei H, Guo Y. Toward Ubiquitous Operating Systems: A Software-Defined Perspective. *IEEE Computer*, 2018, 51(1).

院新作《未来城市：数字时代的城市竞争力重塑》一书作序时，我非常高兴地接受了。

　　当然，我们也需要清醒地认识到，虽然当前已有不少关于"城市操作系统"的实践探索，但是，面临城市这样的复杂巨系统，大多数探索都还仅仅是针对城市管理运行的一些局部或片段，总体而言，城市操作系统尚处于初期探索阶段，用盲人摸象来描述当前的状况并不为过。我想，我们还面临着众多挑战，如：（1）人机物资源管理难。城市是一个巨复杂系统，融合了人机物的各类资源，呈现海量、异质、异构、自主等特性，资源管理的复杂度呈指数级增加。如何有效、高效地管理各种城市资源，并通过统一配置和调度实现资源的利用与优化？（2）跨时空数据融合难。新型智慧城市的运行环境是信息空间、物理世界和人类社会的有机融合，辖域范围和性质发生了根本性变化，如何融合复杂动态且具有时空性的城市数据，以支持城市运行机理的发现？（3）高柔性服务支撑难。城市应用呈现多样化、敏捷化、个性化等特性，资源特性和应用需求更为极端化和个性化，开发与运行支撑更为困难，如何支撑柔性、可定制、环境自适应的城市各类应用的高效构建？（4）可信安全保障难。万物互联带来了更突出的安全可信问题，多域融合使得信任从单点单向变为多方多元互信，信任关系错综复杂，可信性难以保障。如何建立类社会化运作的系统化的安全与信任机制，保证整个人机物融合系统的安全可靠可信运行？（5）数据治理体系构建难。城市管理运行高度依赖于城市大数据，这必然涉及数据确权、数据质量、共享开放、安全隐私、流通管控等问题，这不仅仅是城市面临的问题，更是产业、国家面临的问题。如何构建健康的数据治理体系，在强化数据安全和个人隐私前提下，释放数据的最大价值？围绕这些问题和挑战，我们需要政产学研用紧密协同，共同去研究，去实践，寻求破解之"道"和"术"。

平台思维是掌控复杂性的有效方法学，软件定义则是实现资源高效管理、应用共性凝练、平台按需定制的有效途径。期待腾讯未来能在新型智慧城市建设方面有更多的探索和实践，以更好地支撑城市的全景感知，支撑不同需求的个性定制，支撑主动服务，使得城市能够真正以人为中心、为人服务。

是为序。

梅宏

中国科学院院士

中国计算机学会理事长

辛丑年孟冬于北京

推荐序二

2006年，上海世博会筹备与规划设计阶段，围绕"城市让生活更美好"的主题，我们安排了五个演绎主题并分别设置主题场馆：City Being Pavilion（城市生命馆）、Urbanian Pavilion（城市人馆）、Footprint Pavilion（城市足迹馆）、Urban Planet Pavilion（城市星球馆）和Future Pavilion（城市未来馆）。

这意味着共识：城市是迄今人类所创造最大的生命活体，具备复杂的生命结构和鲜活的精神灵魂。而生活、工作于其中的人，始终是古今中外城市发展过程中最重要、最核心的因素。

人与城市间的不断调适，维持着城市生命和谐。正如生命科学领域一直从各个方向运用最先进的科学技术探索自然生命发展的奥秘，政产学研各界也从没停止过对城市生命体发展规律的探索，从不断发展完善的理论政策，到最先进的软硬科学技术。城市生命体不断生长，所以我们必须关注并主动研究城市的未来。

当前，新一代信息技术、新材料技术、新能源技术正在带动整个人类社会的转型与升级。城市作为人类最重要的生存空间，也同样面临着全面的变革。人们已经普遍认为，智慧城市是基于新一代信息技术的城市化高级阶段，通过信息化、工业化与城镇化深度融合，有助于缓解"大城市病"，提高城镇化质量，实现精细化和动态管理，并提升城市管理成效，改善市民生活质量。

随着物联网、云计算、人工智能等技术的逐渐成熟和应用，从"智慧地球"到"智慧城市"和"城市大脑"，全球范围内十多年的城市数字化转型实践已经渐入佳境，各种有价值的应用场景层出不穷。然而，技术导向的智慧城市建设也正面临发展的瓶颈。虽然我们已经可以使很多城市基础设施可感可控，并基于算法自动适应环境和自主运行，但人工智能仍然很难对城市复杂巨系统完整地建模和控制。

我很欣喜地看到，作为全球范围内有巨大影响力的互联网企业，依托领先的前沿技术与丰富的落地实践，腾讯以这本《未来城市：数字时代的城市竞争力重塑》为我们展现了从科技公司的角度对城市未来的深入思考。

WeCity 未来城市是腾讯助力智慧城市建设的核心理念。

"以人为中心"，围绕人的生活和生产需求，聚焦痛点，从其社交与交互的核心技术优势出发，兼顾治理和增长的城市发展模式，用科技重新定义产城关系、人居环境。"人"的全面参与，使城市真正具备活力与智慧。在以往"大脑""智能体"基础之上,探索构建市民参与感知和决策的新的系统性与方法论。

基于"市民即用户""连接即服务""数字即空间""城市即平台"的价值观和方法论,面向新空间、新治理、新服务的要求,本书提出了WeCity未来城市的升级思路:通过"厚底座""轻应用""富场景""深连接"四大核心能力支撑,让城市的数字化转型之路更"轻"。先进而全面的技术思考使其以人为中心的理念能得以全面体现,为行业发展提供了可借鉴的思路。

在这本著作面世的同时,我也了解到腾讯正在新的总部园区策划WeCityX项目,尝试将城市规划、建筑设计与WeCity的技术理念相融合,打造一个全面实践未来城市理念的先行区。我十分期待这个项目的落地,及其对各种前沿技术的实验过程。希望能在这个项目中看到本书中提到的,智慧城市建设从浅层集成到深度再造、从连接流程到连接时空、从自上而下到全面参与的理念与技术的全面升级。

吴志强
中国工程院院士
同济大学建筑与城市规划学院教授、博士生导师
上海市政府参事
2021年仲冬于上海

前 言

　　城市作为一种处于历史进程中的文明产物，从农业时代、工业时代到信息时代、智能时代共经历了四次连接方式的重大改变。在农业时代，河流是连接城市的重要通道，人们沿着河流游牧、耕作、贸易和生活，水成为重要的资源与生产动力。在工业时代，蒸汽机与电力将城市带入新的文明阶段，铁路则成为城市相互连接的重要纽带，电成为生产力代表，围绕电的服务和产品不断涌现。在信息时代，在河流、铁路的基础上，出现了新的连接通道——互联网。网络带宽直接影响连接效率和生产力。在智能时代，物联网成为连接城市物与物的重要基础设施，"云"和数据则成为继区位优势、资源禀赋、人才储备之后新的发展条件，成为决定

城市竞争力的重要指征。

到2050年，中国将新增城市人口2.55亿，如此海量人口需要十余个像上海这样规模的城市来容纳，超大城市的资源承载力和运行保障的能力面临前所未有的挑战。为了抢占新一轮城市竞争的优势位置，一场以"未来城市"为名的科技实验在全球各大城市上演。三星在韩国松岛建设的智慧城市、Sidewalk Labs 的加拿大多伦多滨水区智慧城市、丰田在富士山下开建的 Woven City，以及中国的雄安新区，无不是面向未来城市的一次技术与制度的智慧历险。这是一场冰火两重天的竞跑：有的已经因为缺乏人本主义关怀而早早夭折，有的由于缺乏数据采集与共享机制而被迫搁浅，而有的正在如火如荼的建设中，前进方式日渐清晰。智慧城市建设的外部环境也在快速变化，城市群、都市圈快速发展，城市的行政管理边界逐步模糊与弱化，城市的市民权利逐渐被可实现跨区域供给的城市服务平台的用户权利所替代；随着共同富裕、第三次分配等要求的提出，如何践行"科技向善"理念，运用信息技术缩小贫困差距、促进公共服务均等化、改善弱势群体生活条件等问题受到越来越多的关注。此外，城市发展处于新的转折点，地理区位优势正不断受到"数字区位"优势的冲击和挑战，这也是"网红城市"的逻辑。

未来，城市建设重心将从管理视角转向用户视角，注重用户体验与获得感的城市将率先获得发展先机；城市治理将由现实空间向数字空间延伸，城市交通、环境、管网等实体空间的智能化升级，需要与网络空间治理密切配合；城市服务正在吸取社交化红利，来自强关系与弱关系社交平台的推荐将改变城市服务的供给模式与供给关系；城市基础设施兼具平台属性与媒体属性，路灯杆、电话亭、公共座椅等经过数字化改造将被赋予新的价值与能量。

城市数字化转型是我国推进国家治理体系与治理能力现代化建设的重要组成部分，是迈向数字中国、智慧社会的必然路径，对于我国实现"碳中和""碳达峰"目标具有十分重要的意义。从"分级分类推进新型智慧城市建设"（2016）到"政务服务一网通办、城市运行一网统管"（2019），从"人民城市人民建、人民城市为人民"（2020）到"不断提升城市治理科学化、精细化、智能化水平，推进市域治理现代化"，我国城市数字化、智能化、智慧化发展方向与路径越来越清晰，对技术、制度、组织等在城市科技革命中的角色与价值的认知日渐深刻。思考和研究未来城市的发展，不只是面向未来的探索与展望，同时也包含面向历史的回溯与反思。

从"十四五"规划纲要来看，宜居、创新、智慧、绿色、人文、韧性成为现代化城市的特征，而以人为中心则贯穿始终。WeCity未来城市是"以人为中心"、兼顾治理和增长的城市发展模式与城市数字化转型的创新选择，在2019年提出伊始，我们就认为数字时代下的城市发展，远不仅限于将技术应用于城市，而是数字科技全面融入城市发展血液的一种质变：市民即用户、连接即服务、数字即空间、城市即平台，人、空间与技术水乳交融，数实共生。在这样的理念指引下，WeCity已经在上海、武汉、长沙、广州、江门、宿州等多个大中小型城市逐步落地，助力各类城市共同探索以人的福祉为依归的可持续发展之路。

作为对智慧城市的重新审视与城市数字化转型进阶之道，WeCity 未来城市首先实现了城市数字化发展从"巨系统"到"微服务"的价值转移，以"海量微服务+综合移动入口"的微服务集群为主要特征，打造以数字技术为基因的城市"微生态"，真正实现"人民城市人民建、人民城市为人民"的愿景。其次，WeCity 未来城市实现了城市决策、指挥和处置从"局部智能"到"整体智能"的交互升级。人、空间、服务因数字技术而有了全新的交互方式，我们进入公共服务平台办事将不再是一个服务动作，而是一份多区域、多部门、多平台数据共享与计算，对个人身份、信用、需求综合研判后的民生服务解决方案。再次，WeCity 未来城市推动了城市问题研判与处置从"进行时"到"未来时"的竞速发展。WeCity 面向的是"未来城市"，而不仅仅是解决当下的"城市病"，即服务于不断演进的城市。一方面需要为城市提供更为坚实、开放且富有弹性的新一代数字基础设施，另一方面也要面向未来做密集的迭代式创新，支持在真实的城市场景里试错和迭代，最终融为城市竞争力。

WeCity 未来城市不只是从城市技术变革出发的城市建设、管理与运营的新解决路径，更是数字时代城市决策、治理与服务新的思考起点。数字化、智能化、智慧化趋势下的城市发展新大陆正在浮出水面，更多的未知与更大的未来等待我们去发掘与探寻。

目录

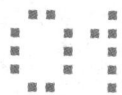

城市发展与科技革命

第一节　数字技术与城市发展　/003
第二节　数据赋能的城市竞争力重塑　/007
第三节　疫情挑战加速城市数字治理创新　/012
第四节　科技向善与未来城市发展路径选择　/016

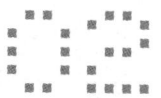

智慧城市的发展历程与全球实践

第一节　智慧城市的发展历程：从技术走向人本　/023
第二节　从亚洲到欧美：世界智慧城市的道与术　/028

WeCity 未来城市的价值坐标

第一节　未来城市：人、服务与空间再定义　/065
第二节　WeCity 未来城市价值观　/079

WeCity 未来城市的进化与生长

第一节　新空间：数实共生、三端融通　/104

第二节　新治理：跨区流动、一网统管　/110

第三节　新服务：高效下沉、一网通办　/113

第四节　WeCity 视野下的智慧城市进化路径　/119

WeCity 未来城市的能力与场景

第一节　升级：四大能力支持城市持续敏捷进化　/127

第二节　激活：数据驱动城市服务升级与治理变革　/135

第三节　降耗：数据支撑运营创新实现降本增效　/154

第四节　弥合：削弱阶层壁垒，缩短数字鸿沟　/169

第五节　创造：流程与体验变革创新数字价值　/183

未来城市：全面数字化转型之路

第一节　从浅层集成到深度再造　/198

第二节　从连接流程到连接时空　/202

第三节　从自上而下到全面参与　/204

附　录　/207

01
城市发展与科技革命

第一节　数字技术与城市发展

　　从蒸汽机、电力到互联网，技术发展对城市的影响不只是改变城市的流动方式、照明模式与交流模式。蒸汽机的发明推动了铁路的快速发展，加速了城市在贸易、物流以及生产生活方面的进步。电力的发明与应用从家用电灯、城市路灯开始，一直到催生城市生活电气化时代的到来，电冰箱、电风扇、空调等电器设备进入城市生活的客厅，给城市的消费模式、服务模式等带来了巨大影响。互联网的诞生从最开始的连接信息到连接人与人、人与物、物与物，显然已经越来越突破互联网发展之初对"数字化生存"的想象。互联网不只是改变了城市运行的基础设施，电商平台、社交平台、直播平台、游戏平台等在城市中的崛起，物流、人流、资金流、数据流在城市运行过程中的交织，意味着数字技术支撑的平台、数据和算法正在重塑城市的生存方式。我们不仅看到个别边缘城市在互联网直播间的流量驱动下被重新唤醒和激发价值，也看到有城市因为错失了城市数字化转型的良机而被抛下时代的列车，进而逐渐失去工业时代的荣光。

2018年，麦肯锡全球研究院发布的《智慧城市：数字技术打造宜居家园》报告指出，技术为城市发展模式带来的变革，包括低成本的信息流通和互动模式、动态实时的全局信息和响应能力、新经济与新产业的崛起等。从以铁路、公路、机场、水利等为代表的"铁公基"，到以5G、云计算、物联网、人工智能、区块链等为代表的"新基建"，数字时代的城市基础设施的升级与重塑使城市发展正在面临底层逻辑的刷新。截至2021年3月底，我国已累计建成超81.9万个5G基站，高于2020年底的71.8万个5G基站。[①]根据ABI Research最近的一项研究，预计到2025年，中国5G用户将达到7.39亿。这一数字将占全球5G市场份额的近40%。iiMedia Research（艾媒咨询）数据显示，2020年中国云计算市场规模达到1776.4亿元人民币，且由于疫情防控，以信息申报、扫码通行、视频会议等为主的SaaS需求陡增。GSMA（全球移动通信系统协会）发布的《2020年移动经济》报告显示，预计到2025年，全球物联网总连接数规模将达到246亿，中国物联网连接数将达到80.1亿。Markets and Markets预测，到2023年全球数字孪生市场规模将达到157亿美元，到2025年将突破260亿美元，复合年增长率将达到38%。中国数字孪生城市投资活跃，预计到2023年，本地新型智慧城市市场规模将达到1.3万亿元。中国城市信息模型（CIM）相关投标项目从2018年的2项快速增长至2020年的19

---

① 《我国已累计建成超81.9万个5G基站》，http://www.gov.cn/xinwen/2021-05/17/content_5606897.htm，2021年5月17日。

项，仅城市信息模型公开招投标项目规模已经超过8亿元。[①]技术驱动的城市发展已成为不可逆的趋势，由技术创新、投资以及商业模式变革所带来的城市内部的产业结构、服务体验、治理秩序的变革也成为全球各大城市日渐关注的焦点。

数字技术的崛起不仅为城市决策、治理与服务带来新的解决方案，同时也激活了平台企业、社会组织、市民积极参与城市治理和服务创新的热情。艾瑞咨询在《2019年中国智慧城市发展报告》中指出，智慧城市的相关应用能使城市中的袭击、抢劫和偷窃率降低30%～40%，使城市温室气体排放和不可回收垃圾减少10%～20%，使市民通勤时间减少15%～20%，使城市就业数量提升1%～3%。在智慧城市的建设与发展过程中，技术的角色与价值也在随着城市的发展阶段与诉求不断演变。数字技术之于城市，正在由一种工具、资源等被动型、支撑型角色，逐渐转变为关乎决策意志、市民权利、安全风险的主动性力量。

移动互联网正在快速提升城市的发展势能。移动互联网通过对城市服务场所与服务时段的无边界扩展，使城市服务的供给数量得到了释放与跃升。此外，基于移动互联网的特性与智能手机及其他智能设备在线生态的能力，城市服务的流程与体验得到了优化与改善，移动城市服务产品的轻量化与人性化成为基础服务标准，"用户获得感"与服务温度成为移动城市服务的关注焦点。大数据作为一种生产要素正在成为城市运

---

① 《数字孪生城市白皮书（2020）》，中国信通院，2020年12月15日。

行的新"燃料"。对于城市而言，大数据在城市运行决策优化、城市治理模式精准化、城市服务模式定制化等方面具有重要价值。通过城市大数据分析与挖掘，可以提前感知和预判未来一段时间内城市的运行态势，提前对风险隐患启动应急预案，防患于未然；结合不同空间、时间以及不同条线部门的大数据，分析城市问题的核心症结，从而从根本上提出解决方案，做到标本兼治；对目标市民群体及企业的城市服务诉求进行精确感知，在不同时间、位置以及场景进行个性化服务推送与输出。物联网则正在成为城市运行"感觉系统"，并成为"一网统管"的重要基础设施。通过对不同城市的基础设施安装符合管理需求的传感器设备，对监测目标进行实时动向监测、数据采集与分析，及时准确地预测、分析和判断，以确定城市基础设施的运行状态、是否遭到破坏以及是否需要维护或更新；通过物联网平台与设备对城市水、电、煤气等能源的远程监控，可定时记录与观测城市能源损耗状态，对目标区域的能源浪费实现精准控制，如遇城市大型活动及突发紧急状况，可对电力通信供给进行战略优化与远程调度；对于工作人员无法抵达的区域和空间，可通过无人机定期巡航实现近距离触达，以监测目标绿地、河道、森林等的生态保护状况，或替代工作人员进入危险区域进行作业。

此外，人工智能在城市治理与服务的流程、体验及创新上正在改变城市的治理模式与服务供给方式。通过对城市治理与服务流程的标签化设置与优化，面向特定城市人群创新城市服务的供给方式，通过身份验证、即时互动等手段，以及虚拟现实、物联网等技术的综合运用，为市民办事服务提供全息化、沉浸式服务。人工智能还可以提升城市应对灾害与风险的能力，在城市服务平台的海量用户行为与服务数据沉淀后，通过算法构建与机器学习，对未来可能出现和发生的城市灾害进行提前预警。

区块链的本质则是以一种全新的信用分发管理机制重建一套社会治理与运作结构，目前已经越来越多地被应用于政务数据共享及电子证照应用领域。区块链对城市治理与服务的影响主要在于隐私保护与服务创新方面，具体应用场景包括个人身份验证、市场监管、政务公开等。除了通过联盟链方式使市民前所未有地掌握自身数据的使用场景、调用来源及应用流向，区块链+政务服务还可以在"一网通办""免证办"等方面为市民办事带来更多便利。

第二节　数据赋能的城市竞争力重塑

随着数字技术的普及和应用，我们所处的世界，生产、生活的各个环节，无时无刻不在产生着数据。大数据的价值在于可以提供尽可能多的详尽信息，并对信息进行有效处理，以数据聚合技术、人才、资金、物资等要素，推动生产要素的集约化整合、协作化开发、高效化利用、网络化共享，形成全新的资源配置模式，改变传统的生产方式和经济运作机制，提升经济运行效率和水平。在2020年4月发布的《中共中央　国务院关于构建更加完善的要素市场化配置体制机制的意见》中，明确提出将数据作为一种新型生产要素,并要求加快培育数据要素市场,推进政府数据开放共享,提升社会数据资源价值,加强数据资源整合和安全保护。

数据要素成为一种市场要素与战略资源。大规模的数据资源处理、数据交换枢纽、数据共享服务平台的落地,将深刻改变城市以往的竞争优势与发展潜力。比如苹果 iCloud 数据中心落户贵州是因为其地理环境、气温适宜以及用电便宜,而非由传统的城市竞争视角下的交通、港口及自然资源优势所决定。数据中心的落地使城市化身为一个数字空间的关键枢纽,迎来通过数据赋能改变城市命运的时代机遇。

中国社科院与联合国人居署发布的《全球城市竞争力报告2019—2020:跨入城市的世界300年变局》认为,技术创新是决定全球城市及价值链体系演进的根本动力。在技术不断进步的当下,以互联网和信息通信技术为代表的信息革命在不断地重塑政府、市场、社会公众间的关系。互联网的去中心化、网络结构化等理念嵌入城市治理整体架构中,通过技术赋权,在一定程度上克服了城市治理主体间权力分散的鸿沟。《科尔尼2020年全球城市指数报告:新秩序,新未来》指出,在后疫情时代下,未来城市应在城市价值创造、城市互通互联、城市空间专项三方面上发展。随着信息化、数字化与智慧化的不断推进,中国的城镇化呈现出城市数字化和区域一体化逐渐融合的趋势。在"看得见的制度之手"的激励下,地方城市政府基于本地利益打造智慧城市的同时,也在使用"看不见的数据之手"引导区域一体化的进程。在长三角等区域的实践中,智慧城市建设通过平台、共享和扩散三条路径实现对传统城市治理边界的跨越，推动形成城市治理的"数字边界"。"数字边界"下的城市新格局的发展需要对地方治理体系进行适应性调整，有序推进政府间数据共享，同时要避免"数据失灵"带来新的社会鸿沟。

传统意义下，城市竞争力是在社会、经济、文化、价值观念、制度政策等多个因素综合作用下创造和维持的，是城市为其自身发展在区域内进行资源优化配置的能力。一个城市的竞争力主要体现在城市资源经营、城市产业、城市环境与管理和城市发展战略上。随着5G、物联网、人工智能等新型基础设施建设的不断加快，数字化正以不可逆转的趋势改变人类社会，已然成为推动城市经济社会发展的核心驱动力，体现着城市的竞争力。从数字经济发展角度而言，中国信通院发布的《中国数字经济发展白皮书（2020年）》显示，2019年，我国数字经济增加值规模达到35.8万亿元，占GDP比重达到36.2%。从全国区域数字经济发展总量来看，江苏、浙江、上海、北京、福建、湖北、四川、河南、河北、安徽、湖南等省份的数字经济增加值均超过1万亿元；从占比来看，北京、上海的数字经济在地区经济中占据主导地位，数字经济GDP占比已超过50%。腾讯研究院发布的《数字中国指数报告（2021）》显示，数字化转型指数持续走高，2021年一季度达到307.26，同比增长207.4%，体现了数字技术与实体经济融合共生的趋势。其中，2020年，广东、上海和北京构成数字化转型指数的第一梯队，江苏、浙江、四川、山东、河南、湖南、河北分列4至10名，是数字化转型的第二梯队。数字化转型已经成为各地塑造城市竞争力的重要举措。

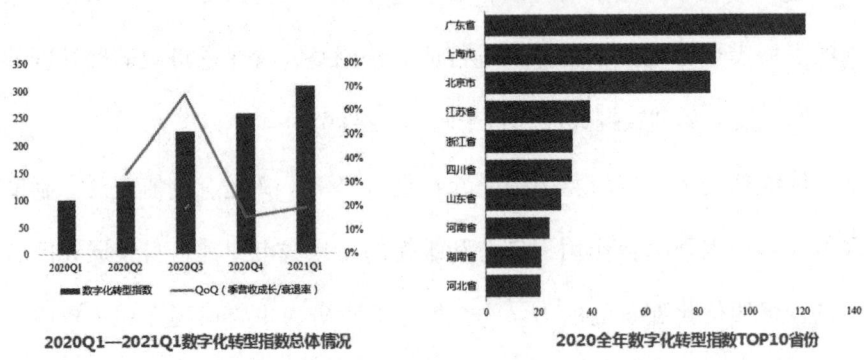

全国及头部省份的数字化转型指数

从数字治理角度而言，数字赋能的城市竞争力重塑主要体现在对城市政务服务供给能力的升级、服务流程的优化以及服务体验的创新上。中央党校（国家行政学院）电子政务研究中心发布的《省级政府和重点城市网上政务服务能力（政务服务"好差评"）调查评估报告（2020）》显示，在对全国31个省（自治区、直辖市）和新疆生产建设兵团以及重点城市的网上政务服务能力的调查评估中，北京、上海、江苏、浙江、广东、贵州等处于省级"非常高"序列，广州、南京、杭州、青岛、深圳、宁波、合肥等处于重点城市"非常高"序列；而从各省市对外披露的流入人口、GDP总量以及推出的省/市政务服务平台应用口碑来看，其网上政务服务能力也与省/市竞争力呈正相关。

数字赋能对城市竞争力的重塑不只是以数字技术作为城市发展"增量"，为城市各领域发展提升附加值，更在于通过数据价值视角的"存量"挖掘，以优化和突破城市的发展模式及瓶颈，通过城市数据共享开放，提升城市运行质量与市民福祉。比如通过政府主体间数据共享可以充分缓解城市管理过程中的信息不对称，通过扩大数据源进行远距离、跨时空的治理场景还原，快速、精准、有效地锁定城市管理目标，做到有的放矢。此外，政府部门间的数据共享可以创新性地优化、再造政务服务流程，提升政府办事效率，使医保异地结算、地铁一码通行等此类面向个人的社会生活服务变得便捷，使异地开办企业、缴纳税金等面向企业的服务内容变得高效，从而改善城市的营商环境。此外，从城市在线社区与政民沟通平台的搭建，到城市地铁网点、公共卫生间及消防栓等市政设施的实时数据共享，许多城市希望通过开放数据来推动数字治理与数字经济的本土创新，同时吸引高流动性的数字企业家和创造性人才。从北京、上海、珠海等地的数据开放创新大赛案例可看出，数字技术支撑的平台、数据、算法已经成为新时期城市竞争力重塑的重要杠杆。

数字赋能对城市竞争力的重塑不只是体现在基础设施升级与产业发展带动方面，从近年来国内城市的实践中可以看出，它主要体现在三个方面。以深圳为例，通过对高校应届毕业生的落户施行"秒批"政策，以及对城市服务相关领域的延伸，使"来了就是深圳人"这样一句"城市态度"显得更具有可操作性与吸引力；以上海为例，通过"高效办成一件事"的改革推进，在疫情冲击线下商业活动的背景下，借由数字化方式对有能力和创业意愿开办餐饮店、奶茶店等支撑城市烟火味的个体工商户给予政策救济与激励；以长沙为例，由于数字化转型的推动，她从一座以电视娱乐和制造业为支柱产业的不温不火的中部城市，成为一座人口破千万、GDP破万亿元的吸聚网络流量的"网红城市"。在这些城市取得突破性、超越性发展的背后，数字化技术、平台、生态及发展思维均产生了不可忽视的影响。

第三节　疫情挑战加速城市数字治理创新

2020年4月，有着"互联网女皇"之称的Bond Capital合伙人玛丽·米克（Mary Meeker）在其发布的《互联网趋势报告》中指出，与此前全球疫情永久性地重塑地球相比，由于信息共享和科技发展，新冠肺炎疫情带来的影响可能会小一些。新冠肺炎疫情暴发初期，城市治理暴露了诸多问题和短板：政府敏捷决策和区域协作体系薄弱、物资统筹体系落后、监督体系缺位、基层协作治理和危机应对能力不足。利用信息化和数字化手段进行疫情防控和城市治理俨然成为必然选择。在大数据技术防疫的过程中，数据要素治理能力得到了较大的提升，促进了数据资源价值的持续释放。比如全国各地利用数据融合，推出"健康码"管理方式，产生了"管住重点人群、方便健康人群、助力科学决策"的防疫效果。"健康码"的制度安排，围绕着政府内部的业务协同展开，主要表现在：一是"健康码"作为人员流动的电子健康证明，方便了公众的正常出行，实现了人群的健康管理；二是较好地解决了组织管理中层层统计、每天报送的"表格防疫"问题，节约了行政成本，落实了基层的登记排查任务；三是借助数据流转和分析辅助决策，精准识别存在疫情风险的人群和地区，实现区域性的联防联控。

对政府管理部门而言，"健康码"通过把数据流转至专门性的部门，构建公共数据库，有助于精准识别存在疫情风险的人群和地区，形成区域间的协同合力。总体上看，"健康码"一方面有助于复工复产，另一方面能起到流调溯源的作用。在复工复产方面，大多数地区需要接收外来务工人员，而跨省市流动带来较为复杂的出行轨迹和较大的感染风险，地方政府则可以依托相关系统的数据处理，对社区疫情进行实时监控，使属地防疫指挥部门实时了解辖区内各社区的人口动态、疫情动态和趋势动态。在疫情溯源方面，相关部门可以对上报的疑似病例、疑似接触人员、确诊人员的轨迹进行实时跟踪，确保对重点人员、密切接触人员和易感人员的筛选和布控。政府和用工单位对人员流动的数据化"监控"，让疫情形势的判断更加精准，有助于区域间防控方案和复工复产政策的制定。由此，"健康码"能够将区域疫情防控落实在信息汇集、协同监管上，构建了数字化、区域性的疫情防控模式。

"健康码"只是一个数字时代疫情防控的标志性案例，而新冠肺炎疫情的袭击对整个城市治理体系的数字化重塑具有革命性意义。原先依托于街道居委会、社区工作者以及城市网格化系统的基层治理秩序在突如其来的疫情面前瞬间失效，城市治理思维、工具、模式均发生了巨大变化，平台、数据与算法对数字时代的城市治理体系构建产生了重要的创新驱动作用。首先，从治理思维而言，精准治理、精益治理、精密治理成为疫情防控时期的关键思维。比如浙江省推出的县域疫情风险地图"五色图"评估体系，根据各县（市、区）新冠肺炎累计确诊病例数、本地病例占比、聚集性疫情、连续3天无新增确诊病例等4个评估指标，把90个县（市、区）的疫情风险等级评为高、较高、中、较低、低共5个等级，在地图上相应由红、橙、黄、蓝、绿五色表示，并对"五色图"进行即时更新，添加近期新发病例数和聚集性疫情发生情况，动态评估各县（市、区）疫情是否稳定，以及疫情发展趋势是否趋好等。通过精准、定级、可视的方式，对各个县（市、区）的疫情防控情况进行公示，为快速恢复城市公共秩序提供助力。

其次，从治理工具而言，疫情防控与复工复产的需求倒逼城市治理在数字化、网络化、智能化方面快速提升，突出表现为健康码与通信行程卡的应用。截至2021年7月，腾讯"健康码"累计覆盖超过20个省份，400多个市（县），累计服务用户超过10亿，亮码数超过440亿，累计访问量超过1100亿。当前，"健康码"不仅成为科技公司基于云计算、大数据、人工智能等数字基础设施回应疫情与城市治理需求的方式，同时也折射出现代治理的实践逻辑。此外，香港应用的电子手环对居家观察或隔离的新冠肺炎确诊病例进行无GPS定位的远程数据监测，这种"软硬结合"的城市治理数据应用也进入了城市应急的视野。谷歌、苹果公司也在此期间推出了疫情跟踪应用，以提醒用户是否与新冠肺炎确诊患者密切接触，并与全球各地卫生健康部门进行数据合作。

再次，从治理模式而言，城市政府、企业组织、社会组织、市民等多元协同参与的城市治理模式正在形成,具体表现为疫情防控期间的敏感地区提醒、密接人群通知以及数字应用工具众包开发等,充分体现了数字技术从文化、观念到技术、行动层面对城市治理的影响。疫情暴发初期,部分城市通过新闻发布会、政府网站、政务微博、政务微信等公开确诊或敏感人群的信息与流动轨迹,由于缺乏相应的发布规则与标准,要么公众无法获得有效信息,要么信息过于翔实导致个人隐私泄露,行业专家、法律工作者及公众共同参与在线"纠偏",逐步推动疫情相关人群信息公开工作步入正轨。另外,在疫情暴发初期,城市政府的响应机制与应急体系尚未构建完成,对疫情防控尚未建立有效的数字化应急思路与工具,企业或个人主动参与便民服务工具的研发,有效地弥补了城市治理的空白,如由个人发起的"同乘密切接触人群查询"移动应用,利用政府公开发布的航班、高铁、汽车及疫情区域等信息,结合公众自主提交和申报的疫情数据,为个人提供疫情风险数据查询服务。疫情提升了市民参与城市公共治理事件的意识与能力,数字化技术支撑的城市治理平台、数据、场景等不仅成为政府、企业组织、社会组织和市民协作的载体与工具,同时也成为推动循环创新的动力与燃料。

正如"互联网女皇"玛丽·米克所言,信息共享与科技发展的确对冲和化解了新冠肺炎疫情蔓延给城市带来的部分负面影响:比如市民、企业与公共部门之间的数据共享,提升了城市政府应对疫情蔓延的能力与精准施策的治理水平;比如无人机、机器人以及在线服务平台对疫情防控的参与,减弱了社交禁足、出行受阻、禁止聚集等带来的城市商业萧条，移动智能商业服务的供给改变了消费体验，也一定程度上弥补了城市商业活动的线下损失。"健康码"、口罩预约服务、"通信行程卡"等均是在常规城市运行环境下需要多方论证的城市治理与服务模式，而在疫情防控的"战时"，则在高度压缩的时间与空间内、于"迭代更新""敏捷开发"等互联网思维的主导下被迅速推出，进而在真实、具体的城市疫情防控环境中不断完善和升级。可以说，新冠肺炎疫情的发生，是在云计算、大数据、物联网、人工智能等数字基础设施已经基本准备就绪的情况下，对城市数字治理模式、流程、体验的创新力与创造力的一次考验，同时，也是对现行的城市数字治理系统、平台和场景的建设运营模式的一次启发。

第四节　科技向善与未来城市发展路径选择

　　科技正在成为未来城市发展的重要推动力量，对于政府、企业与市民而言，由于应用能力、法规制度及社会环境的影响，科技正在呈现出"双刃剑"的作用。一方面，科技在应对全球的贫困、灾害、战乱、饥饿等问题上发挥了至关重要的作用，成为缩小阶层鸿沟、维护社会公平、减轻城市灾害的有力支撑；另一方面，以大数据、人工智能、生物技术、自动驾驶等为代表的前沿技术，正在对城市治理、社会伦理、公共安全等造成不可逆的影响。由此，科技向善成为数字化转型时期城市发展所需倡导的重要议题。也唯有科技向善，才能使城市更好地实现以人为本，实现可持续发展。2021年5月28日，习近平总书记在两院院士大会中国科协第十次全国代表大会上指出："科技是发展的利器，也可能成为风险的源头。要前瞻研判科技发展带来的规则冲突、社会风险、伦理挑战，完善相关法律法规、伦理审查规则及监管框架。要深度参与全球科技治理，贡献中国智慧，塑造科技向善的文化理念，让科技更好增进人类福祉。"因此，科技向善不只是与科技发展相关的话题，更是与整个人类命运和城市未来息息相关的关键性议题。

2021年，《麻省理工科技评论》（*MIT Technology Review*）发布了全球十大突破性技术，其中，数据信托、数字接触追踪、超高精度定位、远程技术、多技能AI等均在列。从新冠肺炎疫情防控可以看出，数字接触追踪技术、多技能AI等在密接者流调及病毒感染者追踪定位方面得到了深度应用，对保障城市公共卫生安全、精准推进疫情防控与实现城市运行的快速恢复发挥了重要的支撑作用。但同时也应该看到，数字技术的使用并未在城市治理过程中规避"数字鸿沟"的问题，并未充分体现出对法律法规的遵守及对市民权利的尊重。比如，疫情期间媒体报道有多地老人因为无法使用或出示健康码而出行困难，在公交出行、医疗就医等方面受阻或受到选择性歧视；此外，在酒店、饭馆、卖场等城市空间内，个别商家出于提升营销质量、扩大销售额等目的，私自安装人脸识别摄像头，获取顾客人脸数据，遭到市民质疑及监管部门的调查。这些现象的存在充分体现了"科技是一种能力，向善是一种选择"的真义。在数字化逐渐渗透的城市空间内，通过科技能够实现的行为与目标已经越来越丰富多元，但是如何规避和摈斥"数据歧视""算法暴政"以及来自技术的设计和管理方面的"刻意之恶"或"无意之恶"，将是未来城市发展需要慎重考虑的议题。

在以云计算、物联网、人工智能、区块链等新基建为驱动的城市发展形势下，为推动城市践行"科技向善"发展理念，不少城市开始利用人工智能、区块链等技术，推动对城市弱势群体的帮扶与援助，推进城市数字公共服务的无障碍供给，利用小程序、App及智能应用在城市服务产品设计源头上消除歧视，以满足更广泛的城市市民群体的需求。此外，城市管理部门也在法律法规、组织重塑等方面寻找面向"科技向善"的城市治理之策。比如，上海、深圳、广州等城市率先制定并遵循相关法律法规建立健全城市数据的采集、分析和应用体系，通过对政务数据共享"豁免权"与个人数据确权的制度性认定，拓展人人参与的城市创新发展之路。比如，广东等国内省份和纽约等国外城市通过设立"首席数据官""首席算法官"等岗位，对城市运行过程中涉及的数据价值流动、数据安全保障及数据创新等问题开展综合性、系统性的治理工作。为了让城市市民对涉及城市治理与服务的数据、平台与算法保持信任和主动参与的热情，并对城市政府的公共数据使用设置相应的公众监督体系，还有一些国外城市逐步建立起城市运行算法定期开放公众咨询的机制，定期公布涉及城市治理与服务的平台、系统的算法，接受市民的咨询与反馈。2017年，纽约市议会通过了一部关于政府机构使用自动化决策系统的当地法，以此对纽约市政府机构利用数字技术是否涉嫌"算法歧视"

进行监督与审议。

"科技向善"不仅是城市管理部门的事情,在共建共治共享的发展格局下,具有强大科技能力、庞大用户群体与规模化社会影响的科技平台公司也成为推动"科技向善"的重要参与者。比如滴滴公司针对夜间行车推出了辅助驾驶服务,通过AI技术与在线客服确保司机安全驾驶,后台定期呼叫司机进行语音互动,以保障司机与乘客的交通安全。共享单车企业通过对城市骑行数据的分析,洞察城市交通状况,进而在单车需求量大、上班族多或机动车出行不便的地区精准投放,充分缓解城市的交通压力,提升市民的出行体验。在国外,也可以找到"科技向善"在城市治理过程中的意外"标本"。国外一款名为"Citizen"的城市安全移动应用风靡了美国多个城市,它方便城市市民在遇到安全问题时及时发声和在线举报,城市治安员获取信息后将迅速分配地区警员进行干预与援助;同时,为了保障市民的隐私信息与人身安全,"Citizen"每一条用户信息的发布都不是定位在最精准的位置上,而是离用户位置最近的十字路口。

随着世界城市化、全球经济一体化和服务型经济的发展,城市在发展过程中获得了经济、政治和科技文化等方面的更多主动权,城市的经营、组织,以及交通、水、能源和通信等核心基础设施系统正在被整体定位。科技在城市环境、公共事业、城市服务、产业发展中的主导性作用与裂变式影响正在不断加剧,对城市政府的经济调节、市场监管、社会管理和公共服务职能也发挥了重要的支撑作用,并由此带来城市品牌、投资价值、产业结构、人居环境等的一系列变化。对于数字时代的城市而言,"科技向善"不应只是一种城市平台建设、行为数据共享及算力场景构建的文化愿景,更应该成为针对具体的城市决策流程、治理举措与服务体验的可操作、可执行的原则。每一个城市都拥有不同的城市禀赋、不同的市民结构及不同的城市问题,当全球城市均开始迈入数字化转型的关键时期,不管是一个城市服务小程序,还是一个人脸识别摄像头,不管是一个城市出行二维码,还是一个市民个人信息填报表单,其背后都应包含"科技向善"的初衷——技术为人服务,而非人沦为技术的附庸。

02

智慧城市的发展历程与全球实践

第一节 智慧城市的发展历程：从技术走向人本

智慧城市的发展是一个动态演进的过程，智慧城市的内涵与不同时期的城市问题、市民诉求、社会变迁、技术发展等密切相关。智慧城市是一个由IBM在2008年提出的"智慧地球"演化而来的概念，国内智慧城市的概念最初由住建部提出，其定义随着人们对智慧城市认知的深化和其进程的推进而不断发展。2014年，国家发改委从数字化与技术的角度对智慧城市做了进一步定义："智慧城市是运用物联网、云计算、大数据、空间地理信息集成等新一代信息技术，促进城市规划、建设、管理和服务智慧化的新理念和新模式。"

从智慧城市发展的整体趋势来看，三类驱动力激发了智慧城市发展模式迭代，分别是：政策、技术和运营模式、建设主体。

从政策维度来看，我国智慧城市的发展可以划分为三个阶段。（一）2012至2016年处于探索阶段。2012年正式启动试点工程，2014年上升为国家战略，国家发改委等单位提出"到2020年，建成一批特色鲜明的智慧城市"的目标[①]。2016年,"分级分类推进新型智慧城市建设"[②]被正式提出,智慧城市发展进入快速推进阶段。(二)2016至2020年为推进阶段。从国家部委到地方省(市)政府,新型智慧城市建设开始从整体方向的牵引转向细分领域的指导,推出了引导型、技术型及评价型三类政策,对智慧城市发展的把控从建设速度延伸至建设质量。2017年,新型智慧城市建设部际协调工作组首次完成了对国内220个新型智慧城市建设的评价,评价结果显示,220个城市平均得分58.03分,最高分84.12分,最低分27.09分,220个城市中超过一半处于起步阶段,处于成熟期的新型智慧城市为0;此外,220个城市的市民体验调查得分整体不高,平均分为63.71分。[③](三)2021年开始为创新阶段。本阶段的智慧城市建设已成为推进数字社会发展的重要内容之一。《中华人民共和国国民经济和社会发展第十四个五年规划和2035年远景目标纲要》(以下简称"十四五"规划纲要)第五篇"加快数字化发展　建设数字中国"中,对数字经济、数字社会、数字政府、数字生态提出了全面要求,"以数字化助推城乡发展和治理模式创新,全面提高运行效率和宜居度"成为智慧城市建设遵循的重要原则,而城市信息模型、城市数据资源体系、城市数据大脑、数字孪生城市等成为智慧城市建设的重要着力点。

从技术和运营模式维度来看,我国智慧城市发展亦可划分为三个阶

[①] 《关于促进智慧城市健康发展的指导意见》,国家发改委、工信部等八部委,2014年8月27日。
[②] 《在全国网络安全与信息化座谈会上的讲话》,习近平,2016年4月19日。
[③] 《新型智慧城市发展报告2017》,2017年12月20日。

段。(一)2008至2012年为"数字城市"建设阶段。本阶段主要依托于行业应用驱动,以无线通信、信息分发、遥感定位等为重点技术,以城市各领域的数字化升级、分散建设等为特征,本阶段的重要事件为2012年住建部出台《国家智慧城市试点暂行管理办法》,标志着中国智慧城市建设正式起步。(二)2012至2015年为"智慧城市"建设阶段,本阶段的标志性事件为2014年八部委联合颁布《关于促进智慧城市健康发展的指导意见》,意见明确提出,到2020年,建成一批特色鲜明的智慧城市。本阶段的突出特征为以新兴技术为驱动,由国家部委牵头试点探索,统筹建设和运营的意识逐渐崛起。(三)2015年至今为"新型智慧城市"阶段,本阶段主要以数据为驱动,数据要素成为智慧城市建设、运营与发展过程中的战略资源与生产要素,人工智能、大数据、区块链、5G等新基建成为智慧城市创新的重要支撑;同时,以顶层设计为引领,以人为本,以用户体验为导向,以"易用""好用""管用"为工作宗旨,以大型互联网平台公司为代表的市场力量的加入,成为新型智慧城市发展的显著特征。

从建设主体维度来看,智慧城市发展可分为市场驱动、政府主导与社会共建三个阶段。(一)"市场驱动"为智慧城市1.0阶段,具体时间是1999—2012年,这一阶段的特征是主要以大型ICT(信息与通信技术)集成商为主导,通过ICT技术解决城市建设运营的垂直领域问题。如1999年新加坡的"智慧岛"计划、2007年法国的"大巴黎"计划,以及2010年葡萄牙的"普兰IT谷"计划,其核心均是试图通过充分发挥市场主体的作用以高效灵活创新地推动城市技术的落地。(二)"政府主导"为智慧城市2.0阶段,具体时间是2014—2016年,其核心特征是政府以提升城市运营管理质量为目的、通过整体规划和专项投资等举措,对城市问题进行数字化、系统性解决。如2013年的"智慧伦敦"计划,提出建设以市民为中心的智慧城市,2014年韩国提出"利用大数据解决市民小烦恼"口号,2015年印度拟利用PPP(公共私营合作制)模式打造百座智慧城市,宣布在5年内投入75亿美元用于智慧城市建设。(三)2017年至今为智慧城市3.0阶段,即"社会共建"阶段,其核心特征是通过政府引导、市场运作、社会参与的方式,为公民、企业和政府搭建共同建设智慧城市的平台,通过数据运营服务公众。如2013年荷兰阿姆斯特丹的"智慧城市"计划,主要采用公共事业市场化机制,鼓励企业参与智能交通、智能电网建设整合;2018年英国伦敦发布了"共创智慧城市"规划,提出通过鼓励企业参与研发、应用新的数字技术深化智慧城市建设,不断改善市民城市生活。

当前,数据要素成为智慧城市建设与发展的关键性资源和重要杠杆。近年来,《联合国电子政务调查报告》与世界银行的《营商环境评价报告》表明,数据要素——特别是以城市政府的数字素养与数字政务能力为核心,以数字技术对城市市民生活与企业生产条件的创新改善为目标——正在成为推动城市智慧化发展的重要力量与评价城市智慧化水平的关键标尺。从城市的具体实践来看,无论是上海推进"城市数字化转型"[1]，还是苏州推进"数字经济和数字化发展"[2]，其背后都是城市政府通过数字技术、平台与数据激活城市发展能力，推动城市经由数字化转型、智能化升级走向智慧化新生的过程。

从更长的时间周期来看，智慧城市正在由一种"新型城市发展模式/形态"，逐渐演化成未来城市的众多发展目标之一，其理念从"技术主义"导向的城市建设模式逐渐发展成为"人本主义"导向。因此，无论是纽约为维护城市多族群平等享受城市权利所倡导的"公平城市"，还是成都从绿色低碳、人与自然和谐相处出发所倡导的"公园城市"，无论是上海以治理、经济和生活为核心的"城市数字化转型"，还是苏州以数字产业化、产业数字化、数字化治理与数据要素化为核心的发展战略，其核心都是数字技术与数据赋能下的"人本主义"城市发展新图景的彰显。

从不同国家、不同制度背景下的智慧城市发展实践来看，数据驱动达成有序治理正成为构建新型智慧城市的核心命题。传统智慧城市建设更多关注城市自身内在系统发展，将数字技术作为一种孤立的解决城市当前问题的方式，而非具有连接能力和弹性应对不确定性风险的综合性城市治理方案，因此导致具体的城市运行场景中无法实现上下联通、条块联动，逐步暴露出上下级系统难对接、横向数据资源无法打通等问题。新型智慧城市建设不仅要求城市内部系统、数据资源实现整合，也要求城市与国家级、省级管理部门协同配合，在城市层面打通条块系统和信

---

[1] 《关于全面推进上海城市数字化转型的意见》，2021年1月4日。
[2] 《苏州市推进数字经济和数字化发展三年行动计划（2021—2023年）》，2021年1月4日。

息资源壁垒，聚焦设施互联、资源共享、系统互通，实现垂直型"条"与水平型"块"的互融互通，协同运作，共同推进城市层面智慧化建设。

从"十四五"规划纲要的规划设计来看，城市品质、城乡融合、市域治理、数字社会等成为"十四五"时期的重要议题。以上海、广东、浙江等地的数字化发展最新战略来看，以数字经济、数字治理、数字服务为核心领域的城市数字化转型时代正在来临，除了达成共建共治共享的建设发展愿景，"绿色生态"的城市发展模式与"碳中和"目标下的城市治理与服务方式成为新时期智慧城市的重要发展基调。

第二节　从亚洲到欧美：世界智慧城市的道与术

虽然智慧城市的建设与发展面临着不同的政治制度、不同应用水平的技术基础设施与不同文化传统的市民认知的影响，但从全球智慧城市建设与发展的核心价值来看，其内核在日渐趋于一致，并且主要反映在城市治理与服务层面的"以人为本"与"数字公民"体系构建、城市运营层面的"协同共创"与"数字化转型"，以及有关城市权利公平的"数字赋能"与"数字包容"。中国上海与武汉、韩国首尔、英国伦敦、美国纽约、西班牙巴塞罗那、爱沙尼亚，以及奥地利维也纳就是典型的代表。

◦ **上海：城市数字化转型与"国际数字之都"的理想**

上海被形容为一座务实又小资、内敛又不乏"清高"的城市，从城市治理的意义框架到公共服务的具体细节都充满了实用主义的气质。腾讯发布的《数字中国指数报告（2020）》的省级用云量指数排名中，上海"低调"登上榜首，拼多多、Bilibili及摩拜单车等改变中国互联网格局的新生代数字经济企业，正在支持上海快速成长为互联网"后浪"之都。"新零售""人工智能""一网统管""城市数字化转型"等正在成为上海从数字消费、智能产业、政务服务到城市治理的标签。

纵观上海近十年来的智慧城市建设历程，与全球及国内其他智慧城市建设不同，上海智慧城市的发展充满了实用主义的行事风格，同时具备智慧城市的战略耐心，主要表现为两个方面。一是"去标签化"。自2010年提出"创建面向未来的智慧城市"以来，上海智慧城市建设从未因为超前的战略或者炫目的品牌而被舆论关注，从"一网通办""一网统管"到"城市数字化转型"，上海始终如一地以"日拱一卒"的方式依照智慧城市行动方案或规划小步快跑。二是"去基因论"。在数字化转型、人工智能产业、长三角城市群战略、自贸区建设等多因素影响和叠加的时代命题中，在清晰认识城市自身禀赋与治理基础的同时，上海一直在试图突破"互联网魔咒"，跳出"经理人文化"的束缚，进一步激发创业文化、冒险精神与社会创新能量，城市数字化转型也在重新定义市民文化之于一座全球化都市的"软实力"。

上海智慧城市的建设发展历程可以大致划分为三个阶段，即2011—2015年的智慧城市基础设施建设与应用探索期、2016—2019年的智慧城市创新发展期与2020年开始的智慧城市竞争力重塑期，并呈现出普遍被认为发展最为成熟的城市面向数字时代转型的价值观。

2010年上海即提出建设"面向未来的智慧城市"。2017年两会期间，习近平总书记参加上海代表团审议时强调，"走出一条符合超大城市特点和规律的社会治理新路子，是关系上海发展的大问题"，"城市管理应该像绣花一样精细"。2019年11月，习近平总书记在考察上海时指出，要提高城市治理现代化水平，抓好"政务服务一网通办""城市运行一网统管"。2020年底，上海市正式公布《关于全面推进上海城市数字化转型的意见》，标志着数字时代的城市治理创新进入新的历史阶段。

除了通过立法（如2019年10月颁布《上海市公共数据开放暂行办法》）、竞赛[如举办上海开放数据创新应用大赛（SODA大赛）]、评估（定期发布《上海市智慧城市发展水平评估报告》）等，从法律规制、创新模式、评价方式等方面推动智慧城市的可持续发展，上海市推出的爆款产品——"随申办市民云"移动城市服务平台，设计了从"能办"到"好办"，再到科学化、精细化、智能化的"一网通办"发展路径。2020年，"一网通办"计划新接入500项公共服务事项，新增100项全市通办的个人事项，并不断优化再造政务服务流程。自上线以来，"一网通办"始终把减材料、减环节、减时间、减跑动次数作为核心关切，在技术储备、数据归集、平台设计、流程再造等方面大力投入。目前，上海"一网通办"已全面建成"一平台、多终端、多渠道"的服务体系。其中，移动端"随申办"服务已全面覆盖本市常住人口，平均月活超1000万；"随申码"累计使用次数超9亿次，已经成为伴随市民工作、生活的随身服务码。截至2020年7月27日，"一网通办"平台个人实名注册用户超过3227

万,法人用户超过208万,接入服务事项达2341项,94.91%的事项可以一次办成,日均办件量超过10万件,累计办件量超过6519万件。80%的本市政府部门核发的材料,在企业和群众办事过程中已实现免提交;14个重点推进的业务流程革命性再造"一件事"中,医疗付费、医疗费报销2件事已上线试运行,其余12件事按计划于9月底前上线;50项个人高频事项(约占总办件量的95%)实现"不见面办理"。

在世界银行最新发布的营商环境"中国报告"中,上海作为权重为55%的参与测评的样本城市被深入研究。报告认为,上海通过"一网通办"推动营商环境改革,已成为世界范围内经济发展受益最大的城市之一。联合国发布的《2020联合国电子政务调查报告》显示,上海市在"地方在线服务指数"排名中名列全球各大城市第九位。上海正在成为后全球化时代数字政府转型、营商环境改革的中国窗口型城市,成为世界观测中国政府数字化转型的重要样本。

2020年底,上海市正式公布《关于全面推进上海城市数字化转型的意见》(下称《意见》),《意见》指出,将从"城市是生命体、有机体"的全局出发,坚持整体性转变、全方位赋能与革命性重塑,统筹推进城市经济、生活、治理全面数字化转型。《意见》还特别指出"数据驱动城市发展"的重要性,提出"重构数字时代的社会管理规则,塑造数字时代的城市全新功能,重构数字时代的城市运行生态"。通过上海的城市数字化转型战略,可以窥见一座全球性超大城市面向数字时代的"条件反射"与治理创新取向。此外,《意见》还指出,到2035年,上海将建成具有世界影响力的国际数字之都。这应该是上海在新一轮全球城市竞争中，在"科创""金融""贸易"等标签之外的全新发展定位。

上海在城市数字化转型推进过程中给全球城市的启示是：对于城市而言，全面化、系统化、无死角的数字化转型时期已经到来，从经济到政治，从服务到治理，从机构到个人，城市中的每一个要素都面临数字化的重构。而且，城市数字化转型没有模板，只能"摸着石头过河"。由于每个城市的历史条件、发展基础、资源禀赋、人文传统均有所不同，因此，考虑城市的数字化转型必须结合城市的发展实际，真正设计出"人民城市"的数字化转型路径。

从上海的智慧城市"发展履历"来看，作为一座超大城市，其数字化转型探索之路至少在三个方面值得借鉴与思考。首先，智慧城市建设是一个重新建立竞争坐标系的过程。从上海智慧城市的发展路径与政策设计来看，对全球与国内智慧城市的发展模式，上海基本上都采取了"不跟随"的策略，按照城市自身的发展节奏，在不同时期对城市发展定位进行对焦与校正，将城市禀赋与发展诉求作为智慧城市战略原点。在互联网时代"失语"的上海，正在撕掉"被互联网抛弃"的标签，逐渐占据人工智能的发展高地，通过人工智能赋能城市治理创新。

其次，城市数字化转型是"润物细无声"的过程。"一网通办"与"一网统管"均是上海首倡的政务服务与城市治理理念，"一网通办"是提升公众和企业获得感的重要路径，"一网统管"则是创新社会治理模式、提升城市安全感的重要举措。从行动方案发布、城运中心设立、物联网中心运营及城市数字体征平台上线可看出,上海智慧城市建设并非以大战略、大投入、大项目为牵引,而是通过政策引导、组织设计与应用实践的不断探索和优化,无限逼近数字时代的城市发展内核——以数据要素为驱动的人(人的创造力)、服务(政务服务与公共服务供给)与空间(基础设施的升级与重构)。

再次,数据不仅是城市创新的"因",也是城市再次成功的"果"。数据开放贯穿于上海智慧城市发展的全过程。上海通过众创的模式将公共数据资源开放打造成为一个为智慧城市创新发展供血的应用生态。来自全球的数据应用创新团队将上海市公共数据资源作为探索智慧城市未来的实验场,而上海也依托数据应用创新成果进一步优化城市服务与治理水平。对于上海而言,公共数据资源开放既是智慧城市的发展杠杆,同时也是"一网通办"与"一网统管"的创新源泉。

武汉:数字抗疫的"码能量"

武汉在中国区域经济发展版图中一直扮演着"中部崛起"的领军角色,在城市治理、政务服务、产业发展等方面均具有自身的特色。从武汉智慧城市的发展特征来看,有两个重要时间节点值得关注。一是2015年,武汉作为省会城市开始启动互联网生态培育,并逐渐呈现出目前看到的数字经济"第二总部"面貌,集聚了互联网"第二总部"企业多达80多家,并被国内多个城市借鉴与效仿。这为武汉逐渐形成内生的智慧城市创新生态提供了人才基础与发展环境。二是2020年,武汉成为新冠肺炎疫情在国内暴发的"震中",这在客观上加速了武汉智慧城市建设的步伐,推动了数字治理创新模式率先落地应用。这也使武汉在智慧城市发展模式探索方面创造了区别于北京、上海、广州、深圳之外的"中部模式"。

在经历了新冠肺炎疫情的冲击之后,武汉智慧城市建设已基本形成了符合自身发展需求与城市禀赋的"1+4+6+3"模式,即一个城市基础数据归集服务、四大中枢系统、六个智慧应用及三大支撑体系。其中,"1"为"一个城市基础数据归集服务",通过整合汇聚武汉市各类感知数据、政务数据、社会数据等,推进数据共享和开发利用,实现从数据采集、处理、分析、服务到应用的全流程贯通;"4"为"四个支撑中枢",即以城市数据资源融合共享为主线,打造感知、联结、计算、运用四位一体的大数据中枢、人工智能中枢、区块链中枢与应用中枢;"6"为"六大智慧应用",即聚焦政务服务、城市运行、政府办公、民生服务、企业服务、社会治理等重点领域,开发建设政务服务"一网通办"、城市运行"一网统管"、政府办公"一网协同"、民生服务"一码互联"、企业服务"一站直通"、社会治理"一网共治"等六大智慧应用;"3"为"三大标准管理体系",建成运维管理、安全保障与标准规范体系,根据武汉实际需要,从业务、数据、安全、运维等维度打造一套完整、统一的规范体系。其中,以"武汉战疫"小程序为载体,以健康码应用为切入点的"一码互联",成为武汉推动城市治理体系与治理能力现代化发展的标志性案例。

"武汉战疫"小程序

来源：腾讯政务微信公众号

在疫情暴发初期，健康码作为"武汉战疫"小程序的核心应用上线，主要服务于居民出行、社区管控等场景，解决非常时期城市流动的基本需求。而随着疫情的发展，结合返程、复工、复课等疫情防控要求，作为"健康码"已有用户基础的服务延伸，"武汉战疫"小程序还提供疫情最新资讯、健康上报、全国疫情地图、同行人查询、疫情智能问答、肺炎科普和发热门诊查询等服务，为疫情中的市民掌握疫情动态、安排自身生活以及开展自助服务提供了一站式入口。

"健康码"毕竟只是一种城市应急解决途径，当城市恢复常态，"健康码"的价值呈现与用户诉求将不仅限于"健康"，基于"一码互联"的发展思路，还可以涵盖更广泛的城市生活场景。随着疫情总体逐步得到控制，武汉市基于"武汉战疫"小程序，在民生服务领域通过构建"多码合一、一人一码、一码互联"的服务体系，整合汇聚现有功能入口，实现门诊挂号、水电气缴费、不动产验证、酒店入住、乘车停车、景点预约这些与市民"医"食住行相关的生活服务，建成统一的城市服务总门户。目前，"一码互联"已接入了131项民生服务事项和32类区块链电子证照；完成健康码和文旅码的融合，实现全市64个景区刷码入园；与电子健康卡完成融合，实现全市46家医院在线预约挂号，满足101家医院亮证就医；推出"一码行全城"，实现扫码乘地铁；推出"长者服务"一站通，实现"老年证不用办""高龄津贴智能发"等创新服务；推出"交通事故快处赔"，实现交通事故在线查勘、定责和快速理赔。"一码互联"通过打通服务之间的内在联系，使市民日常数字生活体验感和获得感不断提升。

"武汉战疫"小程序的"一码互联"是"看得见"的城市数字化转型场景，其背后则隐含了诸多"看不见"的城市数字化变革举措。比如在数据治理方面，武汉市多部门联合构建了疫情防控基础数据库，打通卫健、民政、政法、公安等部门数据通道，完成人口库、法人库、电子证照库等基础建设，推动数据资源开放共享。目前，已实现50个部门、1221项数据集开放共享，有效支撑各类应用。比如在城市精细化治理方面，武汉市推进"一网统管"新模式，建成"一网统管"城市运行管理体系，推出特色服务场景，促进城市的智能化治理。围绕"办好一件事"，联动公安、城管、环保、水务、交通、卫健等城市治理场景，制定全市统一的事件处置、发布通道的接入标准和管理标准，实现城市事件感知、接报、分流、处置、跟踪的全流程标准化管理。推动人工智能、5G、物联网、大数据、区块链等创新技术与城市管理、政务服务、智慧交通、智慧医疗、线上教育等领域深度融合，实现渍水快处、非现场执法、绿色河湖、消防快处、链上公证等51个应用场景服务。此外，武汉市着重加强政务与民生服务融合，这也是使"武汉战疫"小程序的"一码互联"大放异彩的关键举措。通过打通武汉市64个政府部门及公共服务企业的80套业务系统的数据，形成事件、对象、技术、统计、数据五大类共计400余个可调用的"数据资产"，实现政务服务与城市公共服务的有效融合，真正打造"以人民为中心"的智慧城市服务模式。

"武汉战疫"小程序诞生于2020年2月8日，在武汉经历疫情重大考验时及时推出健康码应用。"武汉战疫"小程序被《人民日报》评为"科技战疫2020中国数字化转型成功案例"，政务类微信小程序全国排名第二。2021年4月，"武汉战疫"斩获数字中国创新大赛数字政府赛道一等奖第一名。

从"武汉战疫"小程序的应用演进来看，移动智能时代的城市服务供给与治理输出模式正在被改变，市民与城市服务的连接入口开始由"网"转变成"码"——"扫码"获取服务成为一种基本的城市生活模式。以"一码互联"为主要应用特征的武汉市民码，在不断吸纳、整合与创新各类城市应用场景的同时，其实质也成为"数字公民"的重要服务入口，并在移动互联、大数据与人工智能等技术的推动下，逐渐由一个一站式的城市数字生活服务总入口，演变为一个开放式的城市数字共治平台。

武汉数字抗疫进程中的"一码互联"模式至少在三个方面启发和激活了未来城市智慧化发展的想象空间。一是善用城市数字化转型进程中的"入口"价值。诞生在疫情中的健康码曾在多个城市被尝试推向"一码互联"的发展轨道，但为何只有在武汉及个别城市真正发挥了"码能量"？武汉不仅关注到健康码作为用户入口的网络效应，更重要的是通过电子证照应用、跨部门数据共享以及"一件事"事项整合等，为"入口"价值的最大化与用户体验的流畅化提供了实质性支持。二是遵循数字服务产品的迭代逻辑与发展规律。从一开始用健康码满足基本的市民出行需求，到随着疫情发展逐步上线春节返乡政策查询、挂号预约、适老模式等，"武汉抗疫"小程序其实已具备了互联网产品的自我进化能力，通过用户行为与数据反馈不断适应、调整和创新服务模式。三是"一码互联"重新定义了"连接即服务"的内涵。在"武汉抗疫"小程序的案例中，"连接即服务"不再仅限于市民与小程序之间的连接，而在于城市不同部门、场域之间的数据连接，实现证照共享、数据共享与账户互通，将文旅、教育、交通、医疗服务等逐步接入市民码，不断突破城市服务创新的天花板。

首尔："全球数字首尔"与"市民即市长"理念

  2019年12月26日，全球城市实验室（Global City Lab）发布的2019年全球城市500强榜单中，首尔位列第19名。从首尔对未来城市的建设理念、规划与推进路径来看：首先，首尔在智慧城市领域的持续性发展，得益于韩国在数字政府建设领域的战略设计与不断投入，从20世纪实行的政府管理数字化，到朴槿惠时代的"政府3.0"战略，再到文在寅时代的"数字强国"计划，其本质是推动政府治理与服务走向"以公众为中心"，为城市管理与公共服务的数字化打下了坚实基础；其次，首尔积极拥抱"第四次工业革命"，将区块链、人工智能、物联网等新技术带来的数字红利积极运用和推广到城市运行与治理服务中，倡导"人人享有第四次工业革命"；再次，首尔不断升级未来城市发展愿景和战略目标，从"网络首尔""智能首尔""智慧首尔"提升到"全球数字首尔"的高度，这也从侧面证明了未来城市的竞争将打破原子世界的区域竞争，转向全球社会创新、产业链格局以及人才流动的全球化竞争。

  首尔市为市长设立了一个名为"数字市长办公室"的城市数字治理平台，旨在实时向市长通报各种行政信息，使他能够实时识别城市的行政问题，确定优先顺序，远程协调行动，帮助他了解城市内不同部门的需求。"数字市长办公室"有三个核心功能：第一，实时了解火灾、自然灾害、事故的发生，不去现场也可进行控制并下达指示，提高应对效率；第二，在同一个画面上，可同时监管大气质量、上水质量、物价信息等与市民生活息息相关的城市信息；第三，利用"数字市长办公室"，不去现场也可以接收首尔市城市建设主要项目的报告。"数字市长办公室"的界面可分成四个部分，即一眼了解首尔、实时城市现状、市政现状、市政新闻，市长可以随时随地通过移动智能设备登录系统，迅速了解首尔城市运行情况并采取相应措施。

此外，"数字市长办公室"还为政府公务员提供了内部协同与沟通的服务。当市长确认下达指令后，系统将立即通知负责解决问题的公务员，并在"智慧城市控制塔"的帮助下收集信息，以测试政策决定的有效性、发展趋势及市民反馈等。从市长的角度而言，可以选择合适的信息在网上公布，以增强公民对市政事务的了解，提高市政工作的透明度。"数字市长办公室"是首尔市政府提供公共数据的开放广场，涵盖了首尔安全综合状况室（TOPIS）等167个系统的1046.8329万件政务大数据、首尔市区800多台电视监控系统的视频信息以及医院急救呼叫中心等。该平台采用云计算、物联网、人工智能、区块链等数字技术，使决策者可以实时查看城市中发生的一切，并直接与现场人员进行沟通；市民也可同时获得有关交通、城市灾难和空气质量的信息。目前，首尔市政府已将平台公开部署到其移动网站和地铁站中的数字信息亭。

首尔智慧城市建设进程主要从三个方面塑造和刷新了未来城市发展的理念与模式。一是将"智慧城市"打造成为一种全球化产品。首尔市以电子政务改革与创新为引领，以数字化创新与服务重塑城市品牌，希望通过新兴数字技术的快速应用与创新，将智慧城市解决方案输出为一种可供出口的智慧产品。首尔不仅输出自身的数字技术,更输出数字时代的城市治理理念、思想与智慧。二是将"市民即市长"确立为新的城市发展观。从首尔的"数字市长办公室"到最新发布的智慧城市平台"市民即市长"理念,其背后是弥合决策层和用户层之间的"信息不对称",以促进顶层与底层的互动、沟通和理解,以此推动在城市灾难、紧急事件与危难局面下,城市应对与发展共识的形成。三是将数字政府打造成为智慧城市发展的基石。初期阶段是数字基础设施与网络平台的连接在线,进入中期阶段则是如何在移动智能时代实现服务随时随地输出。在当下与未来一段时期内,城市需要通过公共数据开放共享来实现城市治理与服务的生产与供给。

伦敦:城市共创与弹性战略

在 IESE 商学院的全球化与战略中心发布的《2020 年 IESE 城市动态指数》报告中,伦敦再次被评为"全球最智慧的城市",其人力资本与国家影响力指标排名均居首位,在城市治理和规划方面名列第二,在交通、运输和技术方面均位居前十。如果按照 2018 年启动的"Smart London Together"(共创智慧伦敦)计划的目标——到 2020 年成为全球最智慧的城市——来衡量,可以说,伦敦如愿以偿地实现了既定目标。从全球智慧城市的建设与发展来看,相比亚洲与美洲的一些城市,伦敦在过去十年显得并不"耀眼",除了一些在城市中零星点缀的"黑科技"的新闻被外界所知,其真正付诸实践的大型城市智能化升级项目并未被外界所了解，反而是英国的数字化转型战略一直在吸引着行业关注。那么，伦敦成为"全球最智慧的城市"的理由是什么？

通过分析伦敦的智慧城市发展轨迹可以发现，首先，伦敦擅长从制度层面通过顶层设计来解决城市的管理协作问题。从智慧伦敦的发展来看，由于特殊的行政体制、政府间关系及协同方式，2019年，伦敦市数字与技术创新办公室（LOTI）通过理事会推动、协同平台打造、决策机制设计等一系列运营举措，创新了"政府权力运行+企业董事会"模式，最终形成一个拥有影响力、激励基层创新的智慧城市建设运作系统，以规避紊乱的决策、重复的建设以及政出多门的情况。类似模式在广东、

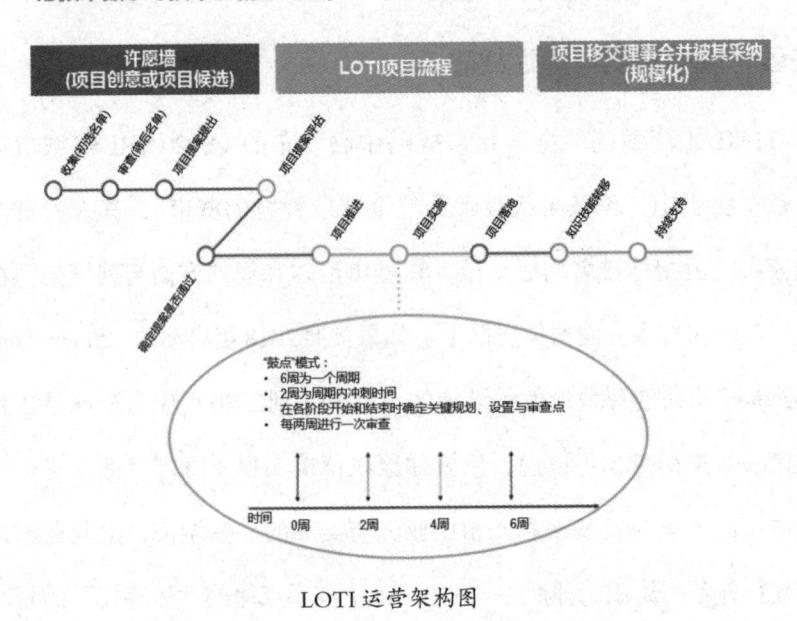

LOTI 运营架构图

来　源：https://medium.com/@SmartLondon/building-a-new-london-office-for-technology-innovation-9b2b0c142127

浙江等地正在以政务服务数据管理局、大数据管理局等机构的形式出现，其运作模式还可以更为灵活与开放。

其次，伦敦提出"共创智慧城市"计划，其本质是领导力与参与感的综合设计。对于智慧城市而言，"共创"是否意味着建一个在线沟通平台即可？是否意味着开放市民沟通和表达意见的渠道就行？"共创"如何具象化执行？这或许是智慧城市建设领域的一个痛点。从"共创智慧伦敦"的发展可以看出，"共创智慧伦敦"在线协同报告卡的设计、Talk London在线平台的打造、LOTI的运作模式设计等都在不同程度地反映"共创"的价值本质。智慧城市的"共创"实质是在强调领导力的前提下，协调不同利益主体的资源分配，激发其参与的积极性。因此，智慧城市的"共创"必须依赖较为强势的机构与领导者去设置议程，制定可执行且透明的推进路线图，同时构建符合各方利益的生态系统。

再次，将城市治理的"弹性战略"打造成应对未来不确定性的"必选项"。作为一个拥有45000家科技企业、三分之一的欧洲科技独角兽、世界城市综合实力连续八年排名第一、2030年人口即将达到1000万的城市，伦敦在2020年才首次推出城市防灾战略，该举措也表明：后疫情时代的城市发展中，"弹性战略"将成为每个城市的"必选项"。无论是伦敦面对疫后的城市出行模式变化而迅速制定策略以为步行和自行车提供安全道路，还是制定易访问的城市服务系统计划与打击网络恐怖主义的努力，基于数字技术，搭建具有弹性的城市运行"一网统管"框架与平台，应该是全球所有城市在面对不确定性时的本能反应。

纽约："公平城市"与智慧城市一体化战略

在全球智慧城市发展史上，纽约一直是一座备受瞩目的城市。一方面，纽约选择对城市传统基础设施"最大程度不变动"，这为众多历史名城的智慧化发展提供范例；另一方面，纽约在全球政治、经济、科技、文化等领域的"灯塔"地位，使其能够为多语言、多种族、多群体的服务对象打造"公平"的城市治理范式与服务供给模式。纽约的未来城市战略规划是根据不同阶段的具体问题升级演进的，目前特别强调智慧助力城市"绿色""强大""公平""弹性"。以数据作为智慧城市建设与发展的基石，在纽约市的基础设施升级、数据开放推进、城市服务供给及治理决策流程优化的过程中一直发挥着极为重要的作用，以LinkNYC（"连通纽约"）、NYC 311（呼叫中心）为代表的城市运行基础设施，以自动决策系统（ADS）、智慧灯杆、物联网行动等面向未来的城市数字化转型准备，以"OneNYC 2050"战略为指引的智慧城市愿景，共同构成了纽约智慧城市的基本框架。

从纽约智慧城市的建设发展轨迹来看，其建设目标、理念与工具选择主要从三个方面进行了创新。一是将智慧城市作为实现城市发展目标的手段，而不是目标本身。纵观整个纽约的城市发展，很难找到一份真正的、专门的"智慧城市发展计划"。尽管如此，纽约通过自身参与和推动智慧城市发展的"打法"，在全球智慧城市评选中屡获殊荣。这实际上和政府主体对城市发展的理念与聚焦有关，通过两任市长的战略设计与相关平台的建设，可以窥测到"市长智慧"与"市民智慧"的平衡。纽约历来自上而下的整体城市规划中透露出智慧城市仅仅是实现公平城市的一个手段或者工具，市民始终是城市主体，任何部门或者技术都是为市民服务的。因此，智慧城市发展优先从民生和政务服务等细分领域入手，并且落实到具体的发展细则中。而以布隆伯格为代表的城市决策层自上而下地对政府服务进行大刀阔斧式的改革，对整个管理体制的改善和社会影响的推动具有重要意义。二是纽约智慧城市建设实现了顶层设计与底层创新的双向赋能。不论是奠定纽约市智慧城市发展的历史性战略与计划，还是布隆伯格后的 PlaNYC，以及白思豪的 OneNYC 2050，纽约市的城市规划一直以关注"强大""公平"为主题，能很好地结合当前的社会问题并提出解决方案，如2012年飓风"桑迪"袭击及气候变化，对纽约的后续城市发展战略产生了深远影响，使其更关注极端气候、环境等问题，推崇对城市发展的长期性、可持续性布局设计。同时，作为全球著名科创中心之一的纽约率先将智慧技术应用于各基础行业，为智慧城市的发展提供了深厚的土壤。NYC 311、LinkNYC 等热门应用的推广使用，彰显了其在推动城市数字化、智慧化升级过程中的民间动员能力与社会协作能力。三是纽约将"公平城市"作为一种智慧城市建设的重要基因，贯穿于整个建设过程与城市治理进程中。纽约市是美国人口最多、人口密度最大的大都市，亦是世界性的顶级城市，需要对不同文化、种族、身份、行为习惯等的人群提供包容性强、公平普惠的城市服务。不论是 NYC 311 首页首屏从用户需求归集的几个类别，以及二屏、三屏根据大数据总结的常用服务，还是基于大数据提供服务的NYC CRIME MAP等应用，基本都遵循了NYC.gov平台的多语言、多群体（针对视觉、听觉障碍者等）、多渠道（社交媒体、热线、网站等）、必响应（号称365天全天候响应非紧急事件）等设计原则与要素，注重用户参与与服务反馈，积极鼓励用户参与数据开放。通过服务沉淀数据，依靠数据反哺服务，从而持续优化纽约整个城市的数据治理水平与城市服务创新能力，形成数据驱动智慧城市运行的良好循环。对于纽约这样体量大、特征与风格鲜明的城市而言，公平本身就是一种智慧城市发展的动力，也是一种实实在在的市民获得感。

巴塞罗那：智慧品牌与城市治理数字化转型

作为一座南欧城市，巴塞罗那在全球智慧城市的发展史上具有较为独特的地位：一方面虽然未孵化出具有全球影响力的数字经济企业，但其对新兴数字技术的发展与应用极具敏锐度、效率与热情，强调技术价值的同时又明确"人是城市的目标"，以"日拱一卒"的方式不断用技术重构着城市与人的关系；另一方面拥有极强的智慧城市营销与品牌拓展能力，2011年诞生的巴塞罗那全球智慧城市展（SCEWC）不仅成为世界各国智慧城市理念、模式、技术、项目的荟萃之地，而且为巴塞罗那的数字经济创新与实验提供了源源不竭的动力。

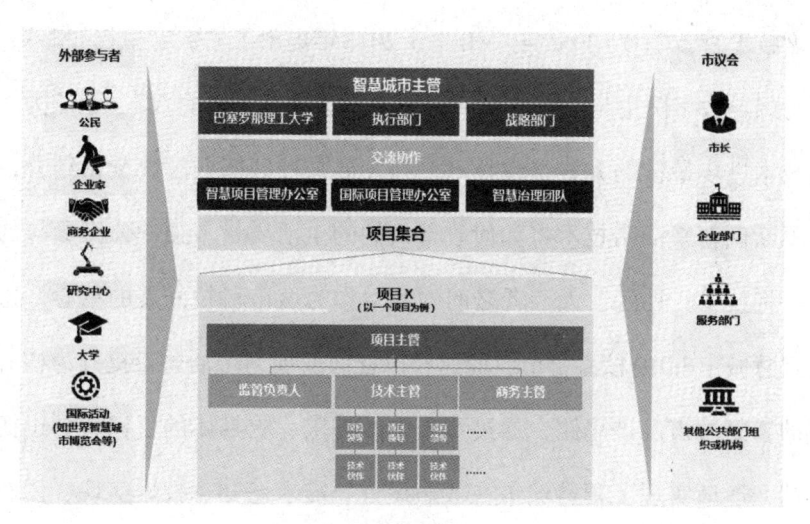

巴塞罗那城市治理模型

来源：http://journals.openedition.org/factsreports/4367

2019年世界智慧城市博览会上的巴塞罗那展位以"巴塞罗那的人性化技术"为主题，展示了巴塞罗那智慧城市发展模式的三个支柱：横向信息系统的体系结构、作为城市治理关键要素的数据，以及指导城市行动的可持续发展目标。博览会上还重点展示了城市治理、社会互动、数字经济等方面的发展成果，其中就包括旨在建立可持续的城市交通创新模式的KIC（知识与创新共同体）Urban Mobility、以期提高住房质量与可持续性的不同建筑和管理模式、城市低污染排放区设计、5G社会创新挑战赛等。

如果说智慧城市1.0是技术驱动的自上而下的决策模式，智慧城市2.0是自下而上的需求满足过程，那么智慧城市3.0指向的则是公民通过参与城市数字化转型而成为城市未来科技革命的"命运共同体"。巴塞罗那首席技术官（CTO）Francesca Bria于2018年提出了"数字主权战略"，其因为倡导数字民主与数据共享开放而被称为"数据罗宾汉"。她认为，促进技术进步最佳的方式是将技术创新发展与社区问题解决紧密结合，通过不断创新来证明技术将如何改善人们的生活质量。强调公民参与的价值，将技术、社区、人三者之间的互动作为城市科技发展的重心，这正是智慧城市3.0的核心价值。而这种以社区发展与生活质量提升为核心目标的智慧城市发展思路，通过更具体的需求、更具体的目标与更迅捷的反馈，逐渐实现了智慧城市在战略设计、需求感知、技术实现、创新体系上的"自给自足"。

首先，"数字主权战略"不仅是巴塞罗那应对全球城市数字化转型的一次战略对焦，同时也是智慧城市发展历程上的一次关键选择。巴塞罗那首席技术官Francesca Bria在2018年提出，数据是巴塞罗那智慧城市的核心；鼓励市民分享他们的信息，与部署医疗、教育和交通等方面的技术同等重要，二者都有利于实现智慧城市计划。她同时还提出，智慧城市不只是一个关乎建筑结构与新技术的问题，而必须提供一个可持续的经济体系，以让每一个市民都可以享受到智慧城市建设的成果。早在巴塞罗那市议会发布的《巴塞罗那数字城市2017—2020》中，就强调了"数据驱动技术来改善政府工作、促进创新型经济发展和确保数字公平"的战略。这一战略有三个重点：数字化转型、数字创新和数字赋权。

其次，巴塞罗那的数字化转型核心在于打造以数据为中心的数字经济，关注科技如何提升政府运作效率、透明度和社会创新支持能力；数字基础设施如何应对诸如住房、就业、健康、能源和交通等领域重要的城市挑战；以及如何实现数据资源的民主、开放和规范管理。为了使市民访问和应用更便捷，巴塞罗那市政府开发了跨平台技术、开放数据平台和开源网络应用程序等系列应用。比如由欧盟"地平线2020"计划赞助的区块链项目DECODE，主要探索如何建立以数据为中心的数字经济。DECODE提供工具让公民个人控制自己的数据，决定是否将个人信息保密或开放共享。其中，由物联网设备采集的公民、空间以及社会数据可用于更广泛的社区场景，并受到相应的隐私保护。在推进城市数据开放方面，自2018年开始，巴塞罗那就发起"2018世界数据可视化挑战赛"，以激励中小企业创新能力、企业家精神的提升。2020年6月，巴塞罗那联合日本神户继续发起了"2020世界数据可视化挑战赛"，挑战目标涵盖重大的社会、经济和环境议题，以及减少不平等、实现性别平等、应对气候变化和公共卫生管理的行动方案。在5G网络应用方面，巴塞罗那已成为南欧的5G枢纽，并且还计划基于开放的实验性基础设施推进5G欧洲数字中心的建设，该中心将充当城市与公民交互的技术实验室，以验证5G技术和服务的稳定性与价值。此外，巴塞罗那已经在健康、汽车、安全、工业和娱乐领域开展了各种5G试点项目。

再次，巴塞罗那以"负责任地使用数据和技术"来推进数字创新。巴塞罗那主要关注如何通过服务、规划、活动与基础设施来推动数字经济发展，为城市的技术经济和数字生态系统的发展做出贡献；同时利用巴塞罗那"工业4.0"中心，建立了一个围绕协作经济、循环经济、共享经济等主题的数字创客网络；另外，通过BIT人居基金会推进"BIT Habitat-i.lab"计划，利用i.lab实验室为城市与市民应对新挑战和需求提供最合适的解决方案。"BIT Habitat-i.lab"计划的目标是促进负责任地使用数据和技术，使从该计划中受益的市民和企业的数量最大化。2020年6月，巴塞罗那市政府通过BIT人居基金会，向市民征集城市创新项目，为优秀项目提供资助，以促进地方经济发展和改善城市治理服务。巴塞罗那市政府针对此项活动的资助总金额为50万欧元。

最后，巴塞罗那在数字赋权方面主要关注如何缩小数字鸿沟与促进数字公平。第一是数字教育与培训，主要包括基于在线平台的终身学习、数字工作技能培训，以及通过跨越社会、代际、族群和性别的学习工具进行培训；第二是数字包容，关注如何缩小数字鸿沟，并使数字技术惠及更多人；第三是数字民主与数字权利，巴塞罗那市政府鼓励通过技术促进数字民主，比如通过开发数字平台中的免费交互模型、设计新的决策模式来整合公民的集体智慧。Decidim.Barcelona就是帮助公民实现参与式民主的开放式平台，公民可通过咨询建议、在线辩论、跟进提案等方式参与政府政策法规的制定过程。截至目前，大约已有40000名巴塞罗那公民参加了在线咨询，共提出10860个建议，其中8142个建议被批准并纳入相关行动计划。据巴塞罗那首席技术官Francesca Bria称，巴塞罗那市政府目前已有超过70%的提案直接来自公民的意见和建议。

爱沙尼亚：区块链时代的数字公民之路

爱沙尼亚是一个仅有130万人口、4.5万平方公里国土面积的东欧国家。1991年，爱沙尼亚脱离苏联成为一个独立的国家，那时还是一片积贫积弱、百废待兴的景象，而通过30年的不断努力，爱沙尼亚已经在政府治理、公共服务及数字经济发展领域成为世界各国的榜样。她不仅成为世界上首个通过电子投票选举的国家，而且培育了以Skype为代表的数字经济独角兽企业，并率先在区块链领域进行了政府治理创新方面的探索。

从1994—2019年爱沙尼亚的"数字国家"发展历程来看，可以发现爱沙尼亚在推动政府数字化转型过程中的四大策略：第一是战略优先，制定引领全国信息化发展的战略政策，推动自上而下的执行；第二是服务优先，爱沙尼亚创造了全球数字政府领域的多个"第一"，包括首个电子银行服务、首个电子内阁、首次网上投票选举、首个数据大使馆等，通过与公民本身权利密切相关的服务的创新，来提升公民对政府数字化改革的关注度与参与度；第三是技术赋能，爱沙尼亚在每个新兴数字技术爆发的早期就开始尝试应用，积极拥抱数字技术红利，比如大数据、区块链等；第四是积极寻求数字空间生产力与领导力，爱沙尼亚推出的e-Residency"数字公民"、"X-Road"数据交换平台、KSI无签名区块链系统等，通过在全球范围内个体工商企业、欧盟国家以及联合国、世卫组织的应用，摆脱了地理位置与资源局限的束缚，成为塑造"数字国家"

影响力的重要资源与关键手段。然而，爱沙尼亚并非一个保守数字政府"成功秘密"的国家，她深谙网络空间的发展规律与价值取向，因此专门在GitHub上公布了其国家电子政务系统的源代码，可供全球参与数字政府建设的机构及程序员学习和下载使用。

基于数字身份ID的普及和应用，自2002年以来，数字签名在爱沙尼亚即具有法律约束力，对于爱沙尼亚公民而言，目前无法使用数字签名的只有三个场景：结婚、离婚和房产购买。但是鉴于新冠肺炎流行期间的出行难度，这些无法使用数字签名的场景也有所放宽。现在，约有96%的爱沙尼亚人在线报税。虽然默许可以选择使用纸质表格申报，但这种方式即使在网上活动较少的人群中也不受欢迎。在2019年3月举行的爱沙尼亚议会选举中，有25万人（几乎占选民的44%）在线提交了选票。据DigiGovLab统计分析，与在本地投票站进行现场投票（20.41欧元）相比，互联网投票的成本要便宜得多（2.32欧元）。此外，爱沙尼亚已经在13个政府工作流程中用算法部署了AI或机器学习，以取代重复的人工操作。爱沙尼亚的这些日常性应用与痛点服务，恰恰印证了e-Estonia简报中心主编的那句话——"如果要使人们进入数字生态系统，就要让人们定期使用某些应用或服务。"

从全球政府治理与服务数字化发展进程来看，爱沙尼亚数字政府建设的两个代表性原则非常值得参考。一个是"仅一次"原则，该原则承诺公民、机构和公司只需向政府部门提供一次标准信息。后续用户办理任何业务时，无须重复提交信息，只需明确授权，公共管理部门就可以重新使用和互相交换数据，从而减轻公民和企业的行政负担，进一步发展数字市场。这些数据被保存在多台服务器上，以防止黑客恶意攻击。另一个原则是"默认数字化"。公众和企业的纸质信息都被输入到数字化系统中，政府无法追踪查看纸质信息的职员，但可以在系统中查询职员的浏览记录。这两个原则几乎可说是爱沙尼亚"数字国家"发展的基石。爱沙尼亚公民可以在政府数字门户的个人状态中看到"谁在什么时间、什么地点查看了我的数据"，他们认为"这是一种重建国家与公民之间力量平衡的方式"。

目前，爱沙尼亚"数字公民"数量已达68774，注册了超过13000家公司，覆盖160个国家，纳税金额超过10亿欧元（是爱沙尼亚GDP的14倍还多）。实际上，2019年爱沙尼亚成立的新公司中，有1/6是来自国外的"数字公民"。爱沙尼亚"数字公民"主要适合"数字游牧民族"（在旅途中创办和管理无纸化公司的人）、自由职业者、数字企业家、初创公司等对象和群体，便于远程开展业务，不受地域限制，且可以加入"数字公民"全球社区。爱沙尼亚"数字公民"计划在英国脱欧前后吸引了大量英国公民加入，帮助他们避免脱欧可能导致的损失与风险。支撑该计划的主要有"X-Road"的数据安全传输、e-Residency的便捷应用，以及数字经济生态协作的创新活力。

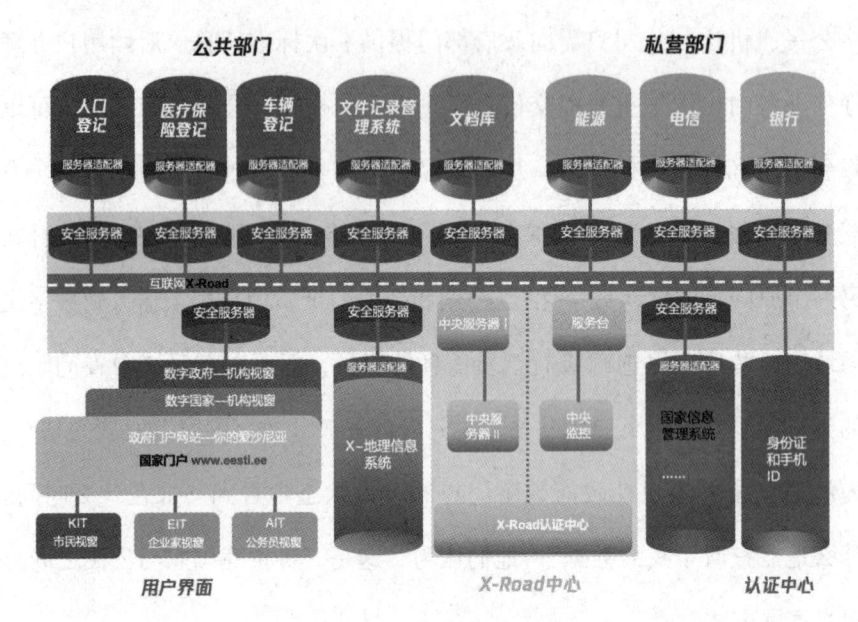

爱沙尼亚"X-Road"结构
来源：e-estonia.com

"X-Road"数据交换平台是爱沙尼亚"数字国家"建设的重要基础设施，它使爱沙尼亚国内的各种公共部门和私营企业的电子服务信息系统能够相互连接并协同运行。目前"X-Road"已经搭载2773项服务应用，每天有1000多个组织和企业使用它。为确保数据的安全传输，所有传出数据均经过数字签名和加密，所有传入数据均经过身份验证和记录。目前"X-Road"已经发展为一种工具，可以被写入多个信息系统、传输大数据集并同时在多个信息系统中执行跨系统的搜索。该服务已在芬兰、吉尔吉斯斯坦、法罗群岛、冰岛、日本等多个国家或地区得到应用。乌克兰和纳米比亚也已经采用了类似的技术。2020年，爱沙尼亚总理尤里·拉塔斯（Jüri Ratas）和世界卫生组织总干事谭德赛·阿达诺姆（Tedros

Adhanom Ghebreyesus）讨论了卫生数据的共享交换，如果一切都按计划进行，世界卫生组织将应用"X-Road"，将来"X-Road"还可能通过联合国成为全球数据治理的一部分。

e-Residency创立于2014年，是面向"数字公民"推出的数字与物理结合应用的ID卡，它使个人或小企业主可以在爱沙尼亚远程注册公司，访问该国的公共电子服务，同时可以在任何地方管理企业。目前e-Residency模式已被多个国家复制，欧盟成员国如立陶宛和葡萄牙也宣布了各自的类似计划。从经济贡献层面而言，爱沙尼亚税务和海关局2019年透露，"数字公民"已通过税收和国家规费的形式直接向爱沙尼亚支付了3500万欧元，仅2019年一年就超过了1500万欧元，比上一年增加了12%，这也远远超出了国家向爱沙尼亚纳税人提供"数字公民"计划的成本，实际上也略高于"数字公民"小组为自己设定的目标。此外，仅通过从爱沙尼亚本地公司购买中介、法律及咨询等服务，"数字公民"就可以为爱沙尼亚做出更大的财务贡献。值得注意的是，基于e-Residency的"数字公民"计划尽管为爱沙尼亚带来了全新的发展机遇，但就目前而言，"数字公民"计划并不适合所有人。国际社会认为这项计划具有较高风险，很可能会因为其是"不须遵守国际反洗钱和恐怖主义融资相关法规的司法管辖区"而吸引全球各地的公民加入。

维也纳：宜居城市与数字包容的实现

维也纳是最早提出建设智慧城市的欧洲城市之一。2014年，维也纳正式发布《维也纳智慧城市战略框架（2014—2050年）》（SCWFS），这也成为第一套为"智慧城市维也纳"量身定制的官方战略文件。2017年维也纳启动了第一次智慧城市建设监测程序。监测结果表明，维也纳智慧城市战略实施仍存在两个主要问题。一是部分个体目标存在冲突。个体目标的定义过于遵循各自维度的逻辑，导致对其他目标的任何考虑和要求被放在次要位置。二是社会参与度不高。政府部门、机构和企业等许多重要参与方尚未充分参与战略实施。与此同时，全球技术革命正在催生新的城市治理模式。数字技术的异军突起与迅猛发展，带来新的技术挑战和社会问题，亟待维也纳提供一种新解法。

2019年，维也纳赋予智慧城市战略更清晰的逻辑，提出3大基本原则、7个首要目标和12个主题领域的升级版战略框架。7个首要目标是对维也纳智慧城市建设战略3大基本原则的进一步说明，也是维也纳在未来30年建设过程中的重点考量。维也纳的2个首要目标聚焦于生活质量这一基本原则，分别是"成为全球最高生活品质的城市"和"在政策设计和管理活动中注重社会包容"——这不仅要求提供广泛的公共服务以满足居民的长尾需求、创造普惠价值，还要求以定制的解决方案和创意空间创造参与机会，鼓励人们为城市的发展做出贡献。

2019年的战略中添加了"数字化"和"参与度"两个部分，形成新的12个主题领域。各主题领域在业务上存在紧密的依存关系，作为整套战略的帆翼，为提高城市精细化治理提供动力。生活质量、创新和资源保护3个基本原则犹如维也纳智慧城市战略的船锚，避免在复杂项目落地过程中出现因单个部门的策略失衡而翻船的情况。也只有通过这 3 个原则的融合和相互作用，12 个主题领域的行动方针才能充分发挥其效力，因此，维也纳智慧城市的可持续发展战略要求该市各利益相关方之间进行前所未有的跨部门、跨学科合作。

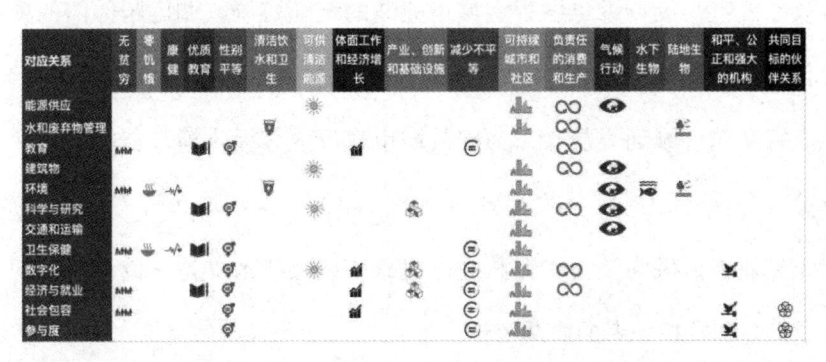

维也纳智慧城市的 12 个主题领域与联合国 17 个可持续发展目标的对应关系

来源：https://www.wien.gv.at/stadtentwicklung/studien/pdf/b008552.pdf

除了顶层设计，维也纳还研制出一套独特的技术框架：以政府与利益相关者协调为枢纽，按照现状分析、战略制定、政策机制、项目实施、监测与评估五个步骤有序推进项目落地。特别在执行、监管和协调上，维也纳紧紧围绕智慧城市战略布局行棋，确保万变不离其"宗"。

在执行层面，维也纳以伞状路径和多方治理结构把握着智慧城市建设的具体实施。以《维也纳智慧城市战略框架（2014—2050 年）》为宗旨分化出 8 个专项战略，在 12 个主题领域孵化出多个合作项目和研究机构，广泛而包容地集成政府部门、专业技术机构和企业等社会力量，为维也纳智慧城市战略的平稳落地提供保障。此外，每条特定战略都配有专门的协调和管理部门，这8个管理部门的主要功能包括部门战略的制定、宣传和启动。实现这些功能还需要特定人员的配合，维也纳对此类角色给出了清晰定义：(1) 决策层：为维也纳智慧城市定义明确的政策路线，包括发布政策指示、批准计划和提供所需的资源。(2) 维也纳智慧城市行政办公室：负责维也纳智慧城市战略的统筹协调，调度跨部门的项目合作，推动战略行动方针的有序落地并评估监测结果。(3) 民间社会：成立智慧城市顾问委员会，为智慧城市建设内容提供建议，并为各活动招募合作伙伴，提供及时有效的反馈。(4) 维也纳城市开发和规划局：组织专业咨询机构及技术团队提供战略咨询和技术支持，设计监测程序并承担与利益相关者的协调工作。

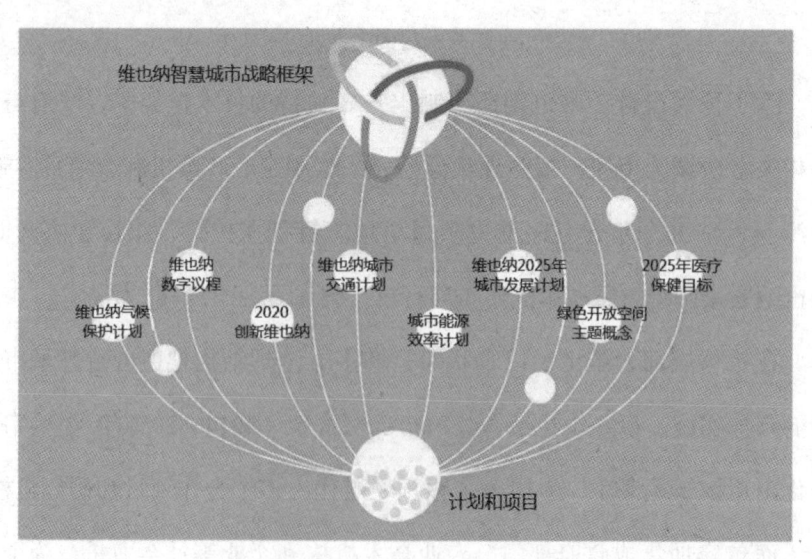

维也纳智慧城市战略伞状实施路径图

来源：https://www.wien.gv.at/stadtentwicklung/studien/pdf/b008552.pdf

2014年的《维也纳智慧城市战略框架（2014—2050年）》提出："为了确保《维也纳智慧城市战略框架（2014—2050年）》的实施，政府应当制定适当的策略和行动来实现战略目标，对其进行定期监测和评估，并根据监测和评估结果适时地更新战略框架。"完成这一目标的前提是建立健全监测机制，维也纳城市开发与规划局（MA18）负责统筹这项工作，其他政府部门和外部合作机构在监测机制中主要负责目标报告、目标评估和数据搜集三个工作模块。为了保证监测过程的合理性，规划局在设计过程中会重点考虑"广泛合作"和"降低数据收集工作量"两项原则。一方面，监测过程也是协调过程，采用结构化访谈和专题研讨会等方式进行详细的专家讨论，可以从参与者中获得最大的社会支持；另一方面，监测时要考虑到工作量的问题，在现有数据库和报告的基础上，减少数据收集的冗余步骤。2017年，第一次监测工程在欧洲区域发展基金（European Regional Development Fund）的资助下正式启动。整个监测过程主要包括两个方面：一是监测目标的实现情况，根据一套合理的指标对SCWFS三个方面的具体目标进行评估；二是全面分析战略，审查各个目标之间的相互联系、可能出现的目标冲突、行动情况等。所有监测指标都被数字化处理并在公众平台发布，打通了政府部门和不同技术团队之间实时数据交换的标准口径，展现出常规操作下无法想象的数据高效赋能。维也纳的监测程序不仅是围绕战略目标的定期体检，也是数智治理的成功范例。正如维也纳城市开发与规划局局长Andreas Trisko所说："监测过程（和其他形式）在市政部门之间建立了一个新的网络，并以此为市政当局的活动带来了新的收益。"

协调各利益相关方是维也纳智慧城市战略中最突出的亮点,很好地诠释了社会包容和公众参与在大型公共事业中的意义。一方面,在社会参与层面,维也纳积极推动公私伙伴、研究伙伴和联盟伙伴三类伙伴关系,促进政府、企业和公众连接融合形成效率矩阵。例如,2014年,维也纳、下奥地利州和布尔根兰州三个联邦州在绿色能源生态合作组织(PGO)的支持下成立能源和气候行动平台(Smart Region),目的是通过区域间的协调合作联合应对人口增长带来的共性问题。通过Smart Region平台,维也纳借助下奥地利州和布尔根兰州的大型风力发电场、太阳能和生物质发电厂提供电力,弥补本地资源不能满足可再生能源需求的缺陷。另一方面,公共服务的需求是丰富、多元的,需要激发所有人来合作参与与创新开发。维也纳奉行"市民即用户"理念,引入市民咨询论坛,提出智慧城市预算分配的公共参与机制,致力于建立开放包容的公众参与文化。

维也纳的社会包容主要体现在数字包容上——利用数字技术的发展提升社会凝聚力、促进机会平等,但绝不允许造成新的社会分化,必须使那些在日常生活中尚未接触新技术的群体也能受益。在维也纳市政府和ICT行业合作创办的数字城市维也纳计划(DigitalCity.Wien)中,决策者将教育公平、老年人福利和妇女平权纳入重点考量。在教育领域,为不同年龄段的人群提供免费数字教学计划,市民可以在courseticket网站上了解并预订种类丰富的IT课程。针对65周岁以上的老年人推出

WAALTeR项目，提供包括远程医疗应用程序、社区平台等120多项数字技术支持服务。海蒂·拉玛奖是为在ICT行业具有杰出成就的女性特别设立的奖项，每年由维也纳市政府、DigitalCity.Wien和维也纳城市创新部门联合颁发，奖金高达10000美元。DigitalCity.Wien不仅是维也纳实现数字创新的高效手段，更是一味社会良药，治愈了城市在教育公平、老龄化和性别方面存在的痼疾，体现了极大的社会关怀。

《城市的胜利》（*Triumph of the City*）作者、哈佛大学教授爱德华·格莱泽（Edward Glaeser）在其发表在 *City Journal* 上的《城市的敌人》一文中指出："美国的公共部门经常利用其监管能力来限制城市变化，而不是面向城市不断变化的未来生活体验进行投资。"在数据驱动的城市快速蝶变的过程中，这个问题正在变成：城市政府是利用其堪称精细化、智能化的监管技术来异化城市，使之成为"赛博朋克（Cyberpunk）城市"，还是公平、普惠、适恰地提升每一个不同阶层的市民的获得感，使城市成为每一个居住在其中的人的家园？从首尔、伦敦、纽约、巴塞罗那、爱沙尼亚、维也纳、上海、武汉等智慧城市建设实践来看，路径选择缘起于不同城市基因，包括城市经济角色、城市权力格局、城市族群特点、城市品牌策略、城市历史影响等。在快速发展的城市数字化转型进程中，城市决策部门、企业组织、市民群体等如何在"数据丛林"中做出符合人类共同利益的、较为科学的选择正在成为日益突出的难题，这种选择的不确定性及其可能造成的潜在的社会伤害正在日趋频繁与普遍，比如有网友将新冠肺炎病毒密接者的个人隐私信息发至微信群，比如有城市公园强制要求会员刷脸入园而惹上官司。因此，智慧城市的未来发展路径仍需继续探寻。

WeCity 未来城市的价值坐标

第一节　未来城市：人、服务与空间再定义

城市是技术、人文与产业互动共生的容器，是人、服务与空间共同进化的文明形态。未来城市中，"人"的福祉毫无疑问是城市发展的目的和依归，"人"本身也在由一个生物信息集蜕变成一个智能网络中的数据集；"服务"在渠道、形态和场景上被重塑，"去空间化"成为主要特征；"空间"将由一种可计算、物理化的概念进化为一种具有便携性、比特化特征的产品单位。

人：有生命的"数据自我"

作为城市中最重要的主体，人正在成为数字城市中最小的具有生命的"数据自我"，成为城市治理与服务运行的关键性枢纽。

◦ 以人为中心的城市正在加速数字化

从互联网到万物互联，从消费互联网到产业互联网，数字基础设施、设备、应用等不断演化，数字化对于个人与组织而言不再只是一种外在

的能力延伸，还正在成为一种精神、思维、行动的内在催化剂。最直观的变化就是被传感器、智能手机、可穿戴设备等连接的人们，正在完成从"生物人"向"数据人"的转变。

一方面，个人的自然属性被全面数字化。随着智能手机、智能手环、智能手表等终端设备的广泛普及，以及各种表皮植入式、视网膜式、耳蜗嵌入式、饮用式、注射式等形式的未来终端的陆续登场，人们的年龄、性别、体重、睡眠、心跳、呼吸、血压等身体和生理上的每一点变化，都在转化为可被记录和分析的数据，每个个体都会成为可被标记的数字ID。TalkingData的数据显示，每部智能手机平均携带多达16种传感器，每天产生约1G数据。

另一方面，人与城市的互动被加速数字化。在工业时代，人依靠交通工具与城市进行互动，互动频率和效率受空间、时间等制约。在数字时代，移动互联网、物联网的发展为人与城市的全面互联、互通、互动提供了基础条件。人与交通、医疗、教育、休闲娱乐、工作等各种城市场景的互动变得更便捷和高效。截至2020年3月，腾讯"发热门诊地图"已覆盖357个城市，可查询12000多家医院，其中发热门诊医院11637家、医疗救治定点医院1960家，为疫情期间的市民在线自助问诊咨询提供支持。

◦ 人是城市治理与服务运行的枢纽

澳大利亚经济学家凯文·福克斯（Kevin Fox）在一则关于社交媒体

与经济贡献的研究中提出[①]，如果将Facebook活动作为产出计入GDP数据，美国从2003年至2017年间的年均增长率会从1.83%提高至1.91%。这从侧面印证了人在数字化进程中所产生的数据价值已具备被量化为经济效益的可能性，人在数据与网络赋能下的价值与意义正在被不断重塑。

人作为一种有生命的"数据自我"，正在成为传递城市治理理念和创新服务模式的重要枢纽。人与人、人与组织、人与机器之间的关系正在改变：人与人的关系通过社交网络的强关系与弱关系，蜕变为缓解城市治理困境的支撑力量；人与组织的关系因为平台和数据驱动发生改变，从传统的组织掌控个体命运转变为人可以通过驾驭平台实现自我价值；人与机器的关系从纯粹的使用与被使用的关系走向相互依存、共同进化。

人与人之间的交流与协作变得更开放，人与人之间的沟通价值与意义开始由娱乐、情感转向设置议程与共同行动，依托于认知盈余形成的自我驱动与自组织能力，成为推动人们建构网络社会、设置议程与达成行动的主要力量。从2020年初新冠肺炎疫情在国内的蔓延过程中可以看到，车牌以"鄂A"开头的车辆与持有湖北身份证的人在疫情暴发之前出省过节和旅游，而在疫情暴发后，该部分人的出行、生活与住宿均受到影响。由于社交媒体的广泛传播，他们的诉求在互联网上获得响应，他们途经区域的政府部门及社会人士通过网络平台获知信息并开展援助，将可以开放提供住宿的宾馆、酒店、招待所等信息在线实时分享。数字

---

① 《在社交媒体时代重新计算GDP》，邰蒂，FT中文网。

空间的互动协作与资源配置，在一定程度上为缓解城市治理问题提供了新的契机。人不再只是城市治理与服务运行的受众和评价者，每一个被网络连接的人正在被社交平台与数据流动赋予去中心化的自主决策能力，进而在线下采取具体行动。

人与组织的关系发生了重要变化，人的身份被网络分解，形成多重性特征，使用专业平台进行自由工作和自我雇佣的"专业自由人"成为每一个被连接者的显著特点，不同环境、平台和话语体系中的身份叠加成为常态，从"组织捆绑"走向"自由联合"、从"社会人"走向"系统人"[1]成为新一代"数字劳工"的身份象征。移动互联网、智能设备与网络平台重新建构了人的工作场景，延伸了人的能力，并重新定义了工作时间。人的职业属性与工作内容正在被各种平台分割为不同片段：早晨你可能是自媒体的主理人，利用自媒体平台发布自己的语音作品；白天在公司成为朝九晚五的"打工人"；下班后通过共享出行平台成为一名网约车司机；晚上回到家通过在线直播平台又变身为一名带货主播……至此，一个人一天的工作内容已经涉及城市工商、交通、文化、网信等多个部门的治理与服务环节。

人与机器的关系将得到革命性的跃升，从石器时代、机械时代到电力时代，人与机器的关系始终停留在"使用与被使用""驯化与被驯化"的阶段，机器始终是工具的别称。未来城市中人与机器的角色与地位将

---

[1] 《关于系统、系统中的人与劳动》，项飙，2021年2月20日。

被改变，机器或成为人的数据豢养对象与私人助手，人与机器共同进化。近年来，瑞典的"电子人"正在流行，即将微芯片植入人体，可作身份证使用，也可刷卡乘车。甚至，斯德哥尔摩一家科技公司从2015年就开始将人体植入芯片当作一种"福利"，免费为员工提供微芯片植入服务。由此可以想象，未来人与机器、数据的关系将更为密切，人体本身就是一个计算平台与决策中枢。此外，机器人、无人驾驶汽车将成为（或正在成为）未来城市的"新市民"，并享有属于自身的"城市权利"。值得注意的是，机器人伤人事件[1]、自动驾驶汽车车祸[2]等新闻亦不时见诸媒体，人作为机器的设计者与数据规则的制定者正在承担着更大的历史责任，如何恪守数据伦理，规范数据治理体系，必将成为未来城市构建治理规则与服务逻辑时面临的全新课题。

服务：无限的界面与涌现的场景

互联网发展与应用模式的迭代过程是一个"中心化"与"去中心化"此消彼长的过程。由于移动互联网、云计算、物联网等新技术的推动，连接数量、连接方式、连接设备、用户习惯也随之面临着前所未有的改变。泛在化的服务入口、需求多样化的服务人群正在重新定义服务模式

---

[1] 2016年11月，深圳高交会上发生了全国首例机器人伤人事件。名叫"小胖"的机器人突发故障，"杀伤力爆棚"，在没有指令的情况下自行打砸展台玻璃，砸伤路人，一位路人全身多处划伤后被担架抬走。不过随后，涉事企业澄清，事故原因是工作人员的误操作。

[2] 2018年3月18日晚上10点左右，美国亚利桑那州一名女子被优步自动驾驶汽车撞伤，在送往医院后不治身亡。事故发生地坦佩市警察局局长西尔维亚·莫伊尔（Sylvia Moir）表示，初步调查显示，在这起交通事故中，优步可能不存在过错。

与体验：服务过程的一体化成为新兴人群的基本服务要求；服务人群的分众化成为定制化、精准化服务得以推行的用户基础。

"无限的界面"是指未来城市的服务输出将呈现出泛在化特征，不仅是移动政务服务App、小程序、政务服务平台、自助服务机等，而且还将包括银行网银App、网络订餐服务平台、在线旅游平台等，随着城市数字化转型加速，城市服务界面将变得无限。约翰·霍兰（John Holland）在其著作《涌现：从混沌到有序》一书中这样描述"涌现"现象：一个过程的整体的行为远比构成它的部分复杂，即可称为"涌现"。"涌现的场景"是指城市运行过程中涉及不同领域、不同空间、不同场景、不同时间等，对同一事件的处置在不同阶段会衍生出不同的社会影响，或对不同事件的处置在同一时间衍生出无法预知的后果。因此，城市的"一网统管"需要根据城市事件参数的变化设计出多个场景进行组合，提前做好预案，以规避意外情况的发生。

◦ **服务过程一体化**

未来城市的服务模式将被广泛的连接所改变，大数据的价值与能量将被充分挖掘与释放。未来城市服务一体化趋势将愈发明显，通过大数据的汇聚、分析，了解城市运行状态和问题，每个城市居民都拥有一个高度安全、强隐私保护、不可篡改的数据账户，下载、安装、注册、认证等在线服务的使用流程将成为过去。用户只需连接网络，城市服务即可识别用户身份，主动感知用户需求，随即进行精准匹配，服务将被主动推送至已经登录了用户安全账户的任一终端。PC互联网时代重构了人与人的连接，5G、移动互联网、人工智能、物联网将再次拓展人与人、人与物的连接，以需求感知、精准匹配、自动推送、安全可靠为主要特征的全新服务形态应运而生。

未来城市不仅人将通过可穿戴设备、智能化终端成为"有生命的数据节点"，城市的基础设施如建筑、道路、桥梁、停车场、信号灯乃至灯杆、井盖、垃圾桶都将实现智能联网、实时在线，人和人、物和物、人和物的连接将构建时时处处能够感知、万物互联、信息相通的智能城市体系。这将极大程度地提升城市服务水平，促成线上线下服务的高效无缝对接，市民服务需求都能得到及时快速的响应和处理。

随着广泛的社会化平台与丰富的应用场景的崛起，城市服务形态逐步趋向于"无须安装、感知触发、即连即用"。孤岛式、巴尔干化的城市服务供给形态将得到改善，基于数据开放共享的一体化城市综合服务平台随之诞生。所有公共服务将实现足不出户，网上办理；医疗、教育、文化、旅游等服务内容将被部署到符合用户预期的应用场景中。新型城市服务不仅为市民带来便捷、高效的服务体验，同时将驱动社会力量参与未来城市服务创新，激发其活力与积极性，形成自带流量、自我进化的服务创新模式。

○ **服务人群分众化**

服务人群分众化是新基建支撑下的城市服务供给能力与供给模式的

基本特征。过去，城市服务存在千人一面、千篇一律的问题，而在未来城市服务中，将依据年龄、性别、职业等特点，以及办事习惯（常办政务、获知办理政务服务的方式、办理频次、办理服务类型、关注因素）、服务痛点（满意度）等各项指标推行更加贴合实际诉求的分众化服务。

过去残障人士办理线下业务有诸多不便，需要线下奔走于多个窗口，并可能因为行动不便或听觉、视觉障碍而办事受阻，现在通过数据共享即可获取残障人群的基础数据，深度调研用户行为，模拟用户体验习惯，从而设计出面向残障人群的数字空间无障碍办事服务模式。不仅如此，服务的分众化已经成为移动城市服务的基本准则，诸多城市政务服务平台均上线了"个人数字空间""企业数字空间""残障人士服务专区""老年服务专区""跨省通办专区"等，针对不同的人群需求、使用习惯及用户场景推出不同的服务品类与内容。随着电子证照、数据共享及智能技术的不断升级完善，服务的分众化将走向精准化与自动化，移动城市服务平台将成为人在城市生活中的私人数字助理。以广州和深圳为例。广州推出了"穗好办"与"穗智管"平台，前者是针对城市服务的供给平台，后者则是针对城市治理的工作平台；深圳在疫情期间推出了"深i您"与"深i企"，前者针对健康码、疫情信息申报、口罩预约等市民服务，后者则针对企业复工复产登记、企业纾困扶持政策推送服务等。由此可见，随着城市发展速度越来越快，城市治理与服务诉求日趋多元，越来越细分的治理和服务场景将会进一步显现，如独居老人的照护管理等。

空间：流动的数据与无界的价值

数字空间的诞生赋予了城市空间全新的内涵：在钢筋水泥摩天大楼的物理空间之外，数字空间一方面与物理空间形成了"镶嵌"与"对流"，两个空间之间的界限变得日渐模糊，物理空间和数字空间的彼此交融，正在成为当下城市最为瞩目的景观；另一方面，数字空间在重塑物理空间的价值与意义，比如被标记为"网红打卡地"的某个景点、爱彼迎平台上某个超赞房东的房间以及某个网红博主日销过亿的直播间，流量、数据以及来自数字空间的评价都时刻在重新定义着物理空间的价值。

● 物理空间的加减法

城市的物理空间仍在快速扩张和优化之中。2021年第七次全国人口普查数据显示，在城镇化发展方面，全国居住在城镇的人口为901991162人，占63.89%，其中，东莞、青岛、长沙三地人口首次突破千万。如此庞大的新市民推动城市兴建更多的住宅、商场、学校、道路等基础设施，城市的物理空间依然在快速扩张之中。而全球各地的新兴城市/城区，正在实践与实验最新的城市理想和抱负。在加拿大，Alphabet旗下子公司人行道实验室（Sidewalk Labs）宣称在多伦多东部滨水区约750英亩（1英亩约合4046.9平方米）的土地上，将诞生一个别样的城市景观，"一个真正完整的社区——没有汽车，致力于减少碳排量"，模块化设计的建筑物将使用生态友好型材料搭建，包括高层木结构和菌丝绝缘材料，并使用可再生能源供电（由于数据采集与隐私保护问题，计划于2020年宣告搁浅）。在日本，丰田公司宣告在富士山脚下建造一座占地面积为71万平方米的"Woven City"（编织之城）。丰田将专门研发氢能源供这座未来城市使用，并与首批入住该智慧城市的居民签订一份"数据协议"。在中国，建设中的雄安新区则试图"探索人口经济密集地区优化开发新模式……打造贯彻落实新发展理念的创新发展示范区，成为新时代高质量发展的全国样板"①。

降低密度、增加公共空间的城市改造减法也在进行。对于北京、上海这样的人口已在2000万以上的超级都市来说，优化现有的城市布局，以缓解当下诸如拥堵、污染等"城市病"，依然十分紧迫，各种城市更新的项目，也在赋予这些城市全新的面貌。北京从2015年启动"白塔寺再生计划"，为胡同生活注入新鲜的活力，在解决传统胡同潮湿、阴冷、如厕难等问题的同时，引入文化创意产业、艺术馆、民宿等。这些业态相对安静，不会有大量外来人口涌入，破坏居住区原有的平衡，也能为胡同文化注入活力。②土地面积狭小的深圳，也计划对共计99平方千米的城中村进行改造，一改传统的大拆大建，这一轮改造中强调"维护城市肌理、传承历史文脉、保障低成本空间"③。

◦ 数字空间碎片化

互联网作为一种媒介，以极为廉价、便利的方式，把人们连接在一

---

① 《河北雄安新区规划纲要》，中共河北省委、河北省人民政府，2018年4月。
② 《白塔寺7个老院率先"重生"》，《北京日报》，2017年7月26日。
③ 《深圳拟大幅调整城中村改造模式》，《南方日报》，2018年11月7日。

起，虽远隔千里，亦可宛如近在咫尺般地沟通。但更重要的是，互联网创造了一个全新的场域和空间——一个由社交网络、视频网站、电商网站、搜索引擎等数字产品构成的数字世界。而数字世界对人的需求满足方式与路径则呈现出"反马斯洛需求"的模式，首先是通过流量、点击率、阅读量等率先满足网友在自我尊重、自我实现方面的需求，其次才是通过电商、外卖、出行等平台满足人的基本生存与生活需求。

对于数字空间的认知，我们还处于不断学习的过程中，在某些方面，它和物理空间有着相似之处，比如在内容平台上，人与人之间的沟通同样需要遵循应有的准则，避免霸凌。但在另一些方面，它又与我们熟悉的物理城市截然不同，需要我们用全新的思维去规范它。比如互联网天然强大的连接基因，具有巨大的跨界效应——跨越国界、跨越行业、跨越人群，它在通过规模效应进行大范围创新的同时，也不免带有一定的破坏性。从目前来看，这种"破坏性"主要表现在由于不同地域、宗教、族群所产生的文化隔阂，以及数字基础设施、数字素养能力不足带来的数字权利的不平等。

根据中国互联网络信息中心（CNNIC）发布的第47次《中国互联网络发展状况统计报告》，截至2020年12月，我国在线教育、在线医疗用户规模分别为3.42亿、2.15亿，占网民整体的34.6%、21.7%；我国网络视频用户规模达9.27亿，较2020年3月增长7633万，占网民整体的93.7%，其中短视频用户规模为8.73亿，较2020年3月增长1.00亿，占网民整体的88.3%。由此可以看出，数字空间的碎片化呈现出两种趋势：一方面是在原有的社会分工上进行数字化重构，比如在线教育、在线医疗等领域的平台与应用；另一方面是在表达方式与内容载体上的革新，从文字、图片到网络视频，尤其是短视频，相比微博更进一步地降低用户表达、传播与使用的门槛，同时也增强了用户多维、立体、丰富的表现力。快手的 slogan 叫"拥抱每一种生活"，这意味着每一个短视频都是一种生活方式的表达，这也意味着数字空间碎片化的潜在含义也包括"多元化"。

原子世界与比特世界的交融

最初，在 Web 1.0 时代，互联网丰富的主要是城市人的精神生活，他们主要在数字空间浏览新闻网站、去各种论坛看帖或灌水、去棋牌网站下棋，与他们的线下生活关联并不大，所以有人说："你永远不知道电脑后面的是一个人还是一只狗。"但随着数字技术的突飞猛进，互联网开始渗透生活的方方面面，数字空间逐步和物理空间深度融合。一个司空见惯的手机购物流程，一次使用微信小程序点外卖的经历，一次使用手机打车的过程……你很难说是独立在线上完成还是线下完成。当你在街头用手机扫描共享单车的二维码时，当你在零售店里搜索微信小程序结账时，当你拿着手机二维码走过地铁闸机口时，不经意间就体验了原子空间与比特空间水乳交融的一刻。

原子世界与比特世界的交融使城市空间演化出四种特征：切换、嵌入、高熵与无界。"切换"主要指人在城市中的生产、生活行为将处于时刻切换的过程中——通过线上下单，线下接货；通过手机打车，路边上车；通过手机订座，线下就餐。"嵌入"主要指的是数字世界与物理世界将处于密不可分的相互嵌入状态——比如餐厅收银台上的二维码，就是一个数字世界的支付入口嵌入在实体世界。"高熵"指的是由于数字世界与物理世界的空间价值差异性，在价值转换的过程中容易造成冲突——比如一家只有15个卡位的参与促销团购的饭馆因操作失误在网络平台的推广中一次性销售了1000个订单，严重超出了其接待与服务能力，等待他们的将是无尽的投诉、退款与协商。"无界"指的是数字世界与物理世界交融的过程中，服务内容、服务模式、服务体验等诸多的可能性都将伴随用户的参与而诞生，无界即是其最大的特征。因此，我们熟悉的城市场景正在被快速改变，云计算、大数据、人工智能技术的发展，使城市全要素数字化和虚拟化、城市状态实时化和可视化、城市管理决策协同化和智能化成为可能，形成了物理维度上的原子世界和数字维度上的比特世界同生共存、虚实交融的城市发展新格局。

空间符号化与微型化

在原子世界和比特世界加速融合的过程中，传统意义上的空间概念也在发生巨大变化。首先，未来城市空间将趋于符号化。传统城市中的人、服务与空间基本处于一种"黑箱状态"，人的生活、工作与娱乐缺乏连接，造成了巨大的沟通成本、体验障碍与时间消耗；没有数据支撑的服务处于效率空转状态，重复性的工作浪费了巨大的社会公共资源；没有被网络连接与数据重塑的空间,造成了巨大的空间磨损与价值流失。当越来越多的服务可以在线获取时,人在物理空间与数字空间中"自由迁徙"成为常态,而城市治理与服务的空间边界日趋模糊,"空间"逐渐成为一种意义符号与代码,数字化、网络化、智能化为未来城市的人与服务重构了新的空间形态。

其次,未来城市空间将会进一步微型化。网络与数据对空间的分割与重塑还将持续,空间单位的便携性将成为未来城市空间的重要特征。数字技术将以人为支点进行空间重构。人、智能设备与在线服务三者之间正在构成一种新的单位空间,视频电话、网络会议、在线教育、在线K歌等均是空间便携化的最佳体现,原来需要依靠会议室、教室、KTV包房才能实现的行为目标,现在只需依靠一台联网的智能手机即可。另外,3D打印技术还可以让家庭的餐桌在分秒间转化为生产的流水线。

最后,未来城市空间还会趋于比特化。我们对于城市空间的测量不仅有面积、容积、密度等传统的度量标准,空间的比特化还促使我们开始按网络流量或内存测算城市空间。比特化也重塑了城市空间的价值,一座城市所拥有的运算能力或将与它拥有的土地面积具有同样重要甚至更重要的价值,是否在线、是否被连接将成为决定未来城市空间价值的新的评价标准。

第二节　WeCity未来城市价值观

人的数据节点化、服务多中心化与空间流动化使未来城市中人、服务和空间的价值维度与角色发生了改变。城市与人、组织、产业的互动方式，人在实体空间与数字空间融合交织中的身份意识与体验诉求，城市服务的触达、交付与反馈……都面临着数据赋能下的价值重建。因此，"市民即用户""连接即服务""城市即平台"成为未来城市的三个重要向度，"数字即空间"则预示以数据治理为底层运行秩序的未来城市，正在使在线空间由原来的精神寄托与情感载体，逐步转化为满足人们现实工作、生活、娱乐需求的价值载体。比如带货销售过亿的网络直播间、智能手机App与线下空间结合的唱吧KTV、伸向城市街道社区的政务服务自助机等，一个个由数字平台与智能设备构建的新型城市空间正在不断涌现。

市民即用户：作为流动的数据节点，每一个市民既是被管理的对象，同时也是被服务的客户。随着越来越多的服务内容向线上迁移，人在城市中的标签从社会属性的"市民"转向网络属性的"用户"，"市民即用户"成为未来城市发展的核心。

连接即服务：基于广泛的社会化平台、政务服务平台与城市服务平台的崛起，城市服务形态逐步趋向于"无须安装、感知触发、即连即用"，连接本身已成为服务的一部分。无处不在的连接，前沿科技的应用，正在推动城市服务效率产生质的飞跃。

数字即空间：传统城市视角下需要通过物理空间完成交付的服务，在数字时代只需要一部智能设备即可完成，一个场景对应的就是一个空间，比如网络直播、在线K歌、移动办事/办公等。

城市即平台：构建人、服务、空间交互的智慧中台。智慧中台通过集约化构建"大平台、微前端、富生态"的城市数字化转型新范式，实现人、服务、空间高效交互、快速响应和精准决策。

基于人、服务和空间，未来城市被重新定义，"WeCity"将成为未来城市的运行形态与价值范式。首先，未来城市是以"We"（我们）为中心的人本主义城市；其次，城市是以智慧驱动、智慧使能的城市，即"Wisdom Enable"；第三，未来城市还将是以微信、App、小程序等微平台和微服务为载体的城市。以"市民即用户"为主体与目标，"连接即服务"为资源与内容，"数字即空间"为引擎与动力，"城市即平台"为规则与秩序。

市民即用户：人是城市的核心

人是万物的尺度，同样也是城市发展的依归和目的所在。早在两千多年前的古希腊时代，城邦的规划和建设中最突出的特征就是追求人的尺度、人的感受以及人与自然环境的协调。这也正是城市规划的"人本主义"的源头。

虽然，从埃比尼泽·霍华德（Ebenezer Howard）、柯布西耶（Le

Corbusier）到路易斯·芒福德（Lewis Mumford）等一众学者都在呼吁对城市中的"人"的关注，但是，市民在今天的城市中最为显眼的角色依然是城市政府的"被管理者"与城市服务的"消费者"，甚至一度被工业流水线与智能机器算法所异化，成为被系统精确算计的"困在系统里"或"困在算法里"的"系统人"。

在未来城市中，市民不仅是城市数据的贡献者，同时也是城市治理的参与者、城市服务的开发者与城市创新的驱动者。需要说明的是，未来城市共建共治共享格局的构建，并非城市政府、企业对城市治理及服务面向市民的权利让渡，而是未来城市实现可持续化发展的必然路径，是共同面对不确定性风险与共同承担城市发展使命的博弈结果，是实践"人民城市人民建、人民城市为人民"的共同选择。

每个人都是城市的数据细胞

数据在重新定义城市运行的决策依据与治理逻辑，而人在城市里工作、生活、娱乐等不同场景中的行为成为城市数据的源头。扫码乘地铁、网络叫车、在线点餐、步行导航等每一个行为都在对市民的城市数字化生存轨迹做出标记，数据的沉淀则可以丰富而立体地展示一个人的生活风格、人生态度以及价值观。疫情防控过程中，密接者的流调数据展示了其生活、出差、消费等行为轨迹，充分反映了数据视角下人与城市的关系，并从个别市民的出差时间、打车时间、吃饭地点、陪孩子上培训班等数据信息，反映出不同城市的城市文化、市民的工作生活习惯及生活压力。

数据画像在某种程度上确实已成为人在数字空间中的城市生存倒影。从城市治理的"分辨率"与精细度而言，我们可以认为"数据即人"。但是，在城市治理与服务的具体实践中，在通过用户画像进行城市服务设计与创新的过程中，我们必须清醒地认识到：人非数据，每一个数据都是有温度的生命在数字空间的存在标识。城市运行过程中，数据的"四舍五入"或"加减乘除"必将影响城市政策的社会影响与公众体验。从新冠疫情防控中可以看出，每一个健康码的通行次数、亮码颜色、卡口通行情况等都不可以等同于冷冰冰的"数据"，因为每一次数据交互的背后，都是活生生的生命轨迹。

过去30年，数据对人类生活的方方面面都产生了至关重要的影响：它改变了我们接受教育和享受娱乐的方式，它还告诉我们如何去体验繁荣的商业和更为广阔的世界。但这所有的基础在于，我们每一个会使用互联网的个人，既是数据的消费者，同样也是数据的生产者。

我们不仅通过个人电脑、平板电脑、手机以及智能手表等可穿戴设备消费和生产数据，随着5G网络的普及及智能化应用对城市治理与生活场景的渗透，越来越多的比如冰箱、音箱等家电产品和路灯、摄像头、停车杆等基础设施也正在接入互联网。人们在与之互动的过程中，将产生相比当下更为庞大的数据规模（当然也有相当一部分是意义不大的"数据废气"），而城市对数据的采集、传输、处理和应用方式也将随之改变。比如杭州市根据小区住户的用电用水情况判断独居老人的健康状况，以及时通过公益行动干预；比如上海市通过对历史老建筑的传感器数据监测，实时管理建筑的寿命周期以及判断是否涉嫌违建。云计算、大数据、物联网等新基建必将带来城市治理方式的变革。

国际调研机构IDC预计，到2025年，全球数据量将达到史无前例的163ZB，是目前的10倍，其中30%～40%属于个人数据，而联网用户将占世界人口的75%，全球平均每人每天与联网设备互动的次数将达到4800次，基本上每隔18秒钟一次。[①]数据量的爆炸式发展与数据互动频次的空前提升，将导致普通人日常生活和城市管理运营方式发生不可逆转的变化。

○ 从市民到用户的角色迁移

从移动城市服务平台的建设理念、运营模式与发展趋势来看，数字时代城市治理与服务的主体和对象正在完成从"市民"到"用户"的角色迁移。"市民即用户"包含了两层含义：其一是城市治理与服务平台的建设运营需具备"用户思维"，从用户体验的舒适度与获得感出发；其二是数字平台的服务内容策划、设计与运营需遵循普惠、公平的"市民权利"，而非像一般性移动互联网商业平台一样以"流量"或"转化率"为唯一标准。随着"北京通""随申办""穗好办"等城市服务小程序不断上线，越来越多的城市服务向线上迁移，城市中人的标签从社会属性的"市民"转向网络属性的"用户"，"市民即用户"成为未来城市发展的核

---

① 《数据时代2025》，IDC，2017年5月。

心理念。以用户思维开展城市治理，从用户视角提供城市服务，以用户价值进行决策将成为未来城市运行的基本原则。

从国内来看，广东省推出的覆盖全省的"粤省事"民生政务服务小程序即是践行"市民即用户"理念的典型样本，通过将互联网产品思维、用户思维、场景思维与政务服务深度结合，打造了极致化的用户体验。截至2021年7月，广东省推出的"粤省事"小程序注册用户突破1.3亿，已上线高频民生服务1827项，其中1269项服务实现了"零跑动"，业务量累计超过130.9亿件。可以说，"粤省事"小程序拓展了民生政务领域对"流量"与"用户"的认知，创新了移动城市服务平台的建设运营模式；同时，互联网产品用户体验设计流程的引入，使"粤省事"对于移动政务服务的发展具有重要意义。

当然，不仅是中国，从全球范围内来看，倡导"市民即用户"理念的国家不在少数。比如英国在2019年发布的《数字服务标准》就明确提出要理解用户及其需求，解决用户的"整个"问题，提供多渠道融合的用户体验，确保每个人都可以使用服务，等等。日本发布的"数字服务十二条"也指出，要从使用者的需求出发，照顾所有的相关人员，融入使用者的日常体验，等等。从更广泛的视野来看，"市民即用户"不只是一种理念，更是一种现代城市政府的服务方式，一种数字时代的服务准则。

连接即服务：无连接，不服务

城市服务正在成为一种随时可被调用的基础资源和能力，连接和获取服务的门槛越来越低，服务和用户间的节点越来越少，服务触达用户的渠道则越来越多，触达用户的方式也正从过去的节点式、单线程、被动式服务向全流程、交互式、主动式服务转变。城市服务正在成为像水、电一样的公共资源，进入终端与场景。

"连接即服务"逐渐成为城市服务的新形态。基于广泛的社会化平台、第三方服务以及大规模的网络平台崛起，城市服务形态逐步向"无须安装、感知触发、即连即用"演进，连接本身已成为服务的一部分。无处不在的连接，前沿科技的应用，正在推动城市服务效率产生质的飞跃。"连接即服务"的背后是数字时代城市服务的供给方式、触达能力与匹配效率的综合作用，首先通过微信小程序、App、自助服务终端等"连接端口"极大地提升了城市服务的全时化供给速度，其次通过城市 WiFi、智能导航、位置服务等"连接通道"空前增强了城市服务的触达能力，再次通过数据沉淀后的用户画像识别可以精准化、分众化地提升城市服务的匹配效率。

伴随人工智能、区块链等新兴数字技术的崛起，数据共享模式、社会信用体系等不断优化，"连接即服务"的核心价值也在随之演变，以"无感办""免证办""一码通办"等为主要特征的政务服务模式逐步流行，其本质是"有信用的连接"。

打破连接障碍：信息多跑路，群众少跑腿

中国互联网络信息中心（CNNIC）发布的第47次《中国互联网络发展状况统计报告》显示，截至2020年12月，我国网民规模达9.89亿，较2020年3月增长8540万，互联网普及率达70.4%；截至2020年12月，我国互联网政务服务用户规模达8.43亿，较2020年3月增长1.50亿，占网民整体的85.3%。《2020联合国电子政务调查报告》显示，我国电子政务发展指数为0.7948，排名从2018年的第65位提升至第45位，达到全球电子政务发展"非常高"的水平，其中在线服务指数由全球第34位跃升至第9位，迈入全球领先行列。

作为城市服务的重要供给方，一座城市的政务服务能力直接决定了这座城市公共服务的效率和体验。《中共中央关于制定国民经济和社会发展第十四个五年规划和二〇三五年远景目标的建议》中提及"市域治理现代化"时指出，要推动资源、管理、服务向街道社区下沉。所谓"下沉"的核心即是推动城市资源、管理、服务与市民进行最终连接。从全国范围内来看，不仅有北京、上海、广州、深圳等超大型城市推动移动政务服务平台，也有武汉、长沙、成都、郑州等新兴城市积极上线城市服务小程序及App，加速城市政务服务的线上化，快速拓展城市服务场景与体验模式。"一网通办""异地可办""跨区通办"渐成趋势，"掌上办""指尖办"逐步成为政务服务标配，"免证办""无接触服务"正在成为新型政务服务模式。多元的连接渠道与创新的连接方式，为用户触达城市服务提供了更多选择，为用户和城市服务之间架起了更多桥梁。

当前，中国政务服务线上化速度明显加快，各级政府部门积极利用互联网在行政管理和社会治理中的作用，用信息化手段更好地感知社会态势、畅通沟通渠道、辅助决策施政。一方面，政府积极出台政策推动政务服务线上化发展，加快推动电子政务，打通信息壁垒，构建全流程一体化在线服务平台；另一方面，各级党政机关和群团组织等积极运用网站、App、微信、微博等多元渠道，发布政务信息，回应社会关切，不断提升地方政府信息公开化、服务线上化水平。但是，在城市服务的连接方面依然存在不少挑战。不同部门、地区之间，信息孤岛现象依然存在，信息的协同效应尚未真正发挥。即便是在同一体系内部，也因为存在连接"断层"现象，未能充分发挥现有的信息化发展成效与数据共享服务能力。同时，在社会化网络服务不断提升和优化的背景下，公众对城市公共服务的消费需求种类在不断增多，对服务体验的要求越来越高。因此，应该着力打破部门、地区之间的连接障碍，建立以用户为中心的全流程、交互式、智能化连接体系，为公众提供无缝对接的全流程服务。

以"数字广东"为例。为改变之前各部门重复建设、系统分割、烟囱林立、资源分散的局面，广东省重新构建了"1+N+M"的"数字政府"政务云平台，包括1个省级政务云平台、N个特色行业云平台、M个地市级政务云平台，形成"全省一片云"的总体架构。实现对全省政务数据的融合汇聚，为政务系统和应用提供数据支撑，促进政务信息共享和业务流程优化协同，打造政务业务"最多跑一次"模式。基于此，广东省还打造了分别面向市民、企业和政府的"粤省事""粤商通"与"粤政易"等"粤系列"移动政务平台。其中，2018年推出的"粤省事"移动政务服务平台现已集成原有分散在各部门的1753项服务事项及90种个人电子证照，市民动动指尖就可以轻松办理社保、公积金、养老、出入境及交通出行等服务。"粤商通"涉企移动政务服务平台将分散在47个省级部门1163个高频服务事项和158类涉企常用电子证照集成到移动端，支持企业"一站式""免证办"，政商关系"亲上加清"。"粤政易"移动办公平台则让广东省公职人员线上办公成为常态，"整体政府"建设稳步推进。目前"粤政易"已基本覆盖全省五级公职人员，实现跨部门、跨层级业务协同，文电办理用时比以前下降约40%，部门行政效率大幅提升，业务管理更加扁平高效。

读秒时代的城市服务

"秒"作为一个时间单位，在数字空间被用来形容网络效应下的服务输出速度，"秒杀""秒抢"等在网络促销活动中才出现的新词汇也开始出现在数字政务服务领域，深圳首倡的"秒批"则是典型代表。"秒批"诞生自深圳这样一座曾经喊出"时间就是金钱、效率就是生命"改革发展口号的超大城市，对数字时代的城市服务则更具时代意义。"秒批"看得见的是代表一种被数字化加速后的效率，而看不见的则是平台、数据和算法作用下的服务流程的革新，以及在组织运作、制度规范、服务思维方面的突破。

2018年6月13日，深圳市政府办公厅发布《普通高校应届毕业生引进和落户"秒批"工作方案》，取消人才落户现场报到环节，实现系统

"秒批"办理。①这是首次出现在政府公文中的"秒"级服务承诺。虽然深圳是第一个在公开文件中提出"秒"级服务承诺的城市，但事实上，"秒"级服务已在越来越多的城市服务领域实现。江苏省无锡市住房公积金管理中心从2017年底开始推出个人网上业务办理渠道，用户在办理多项住房公积金个人业务时，只要"刷脸"即可完成认证，全程最快只需30秒。②陕西省西咸新区则运用互联网思维推进工商登记全程电子化改革，全国首创"微信办照"，以微信公众号为平台，企业申办者只需完成刷脸、起名、信息填报三个步骤，即可实现个体工商户营业执照10分钟办结。③除去资料填写时间，仅以提交后的效率来看，同样实现了"秒"级服务。广州市增城区推出的"增城政务"小程序上线了"一码通办"功能，市民在窗口办事需提供相应电子证照时，窗口工作人员只需扫描办事人员出示的"一码通办"二维码，即可自动关联所办事项需要的电子证照，通过电子证照的"秒"级数据共享，快速提升政务服务的审批速度与办事体验。

城市服务效率从"天"到"秒"的跨越，意味着城市服务在从有形的介质支撑向无形的数据交互转变。以住房公积金服务为例，在传统的业务办理流程中，申请者需要先按照要求准备各种材料，然后到公积金管理中心柜台申请，柜台受理后需要在内部工作系统提交，内部审核流程完结后才能反馈给用户。从准备申请到反馈结果，整个业务流程下来

---

① 《高校应届生落户深圳"秒批"》，杜艳，《南方日报》，2018年6月13日。
② 《无锡个人公积金业务办理进入"零跑腿"时代》，刘杨，《无锡日报》，2017年11月27日。
③ 《西咸"微信办照"个体户营业执照10分钟办结》，张维，《三秦都市报》，2018年4月19日。

通常需要5个工作日左右。如果中途出现材料提供不准确，需要再次补充的情况，整个业务办理周期会更长。而在无锡市公积金业务办理中，除了前端的人脸识别身份认证体系外，系统在后端通过与人社部门、商业银行数据共享，可自动核查业务所需材料，实现了网上业务办理零材料提交，后台数据共享同步处理的秒级办理。

打破数据孤岛，实现数据连接，正在让城市服务变得更便捷。构建以用户需求为中心，以技术为支撑，实现跨部门、跨场景连接的数据支撑体系，可以让城市服务更"聪明"，让更多服务进入"读秒"时代。

。指尖上的场景革命

云计算、物联网、人工智能等新基建的快速发展，推动了基于多样化智能设备的创新服务场景的涌现，用户时间的碎片化分割与用户需求的个性化扩展，使基于不同场景提供政务服务变得十分必要。从线下到线上，从PC平台到移动应用，从政府网站、政务App到微信公众号、小程序，从部分办事节点在线到全流程在线服务，移动政务服务的应用场景不断丰富和延展：在微信里预约挂号、用小程序开具电子发票、在支付宝里缴纳水电费、在国务院客户端获取国家最新政策文件等，不一而足。中央党校（国家行政学院）电子政务研究中心发布的《省级政府和重点城市一体化政务服务能力（政务服务"好差评"）调查评估报告（2021）》指出，从分散供给到业务协同、从事项供给到场景服务成为数字政务服务未来的发展趋势。

以社保为例，全国超过120个城市的市民可直接在微信上进行社保查询。将查询、支付等服务流程移动化，无疑有助于解决用户排队时间长、查询不方便、结算烦琐等民生服务痛点。例如，通过长沙12333实名身份认证的微信用户，打开长沙12333微信公众号，就可以直接进行社保缴费，整个过程只需5个步骤、20秒钟，免去了去传统银行柜台或人社柜台1～2小时的办理时长。以疫情期间的口罩预约为例，这是一个在城市公共卫生危机中城市服务平台的经典创新案例，切中了城市移动需求大、口罩短缺、防控困难等具体的痛点。广州市于2020年1月30日推出了"穗康"小程序，开放口罩预约在线通道，通过在线预约订购，市民即可在就近药店领取或选择快递送货上门。"穗康"小程序在3个月左右的时间内提供口罩1.5亿只，每天处理20万单，服务人次超1200万。①

与欧美等西方国家的用户相比，中国用户更趋向于使用智能手机处理日常事务，逐渐形成移动应用为先的使用习惯。在商业互联网产品使用习惯的熏陶与规训下，用户获取政务服务的入口也从传统线下政务大厅、政府网站向移动平台转移扩散。移动互联网改变了政务服务模式与用户习惯，使"无声无息、无处不在、无事不扰"成为现实。基于移动互联网的O2O模式正在成为一种基础和本能的政务服务形态。以上海为例，累计有超过600万的市民通过市民云、微信城市服务入口进行社保缴费、查询纳税记录和信用报告、处理交通违章、预约挂号等，规模已占到上海常住人口的27%。

---

① 《广药："穗康"已为超1200万人次提供超1.5亿个口罩》，《潇湘晨报》，2020年4月22日。

作为数字时代的"原住民","95后""00后"用户群体具备特立独行、注重个性化需求、有较强付费意愿、喜欢通过弹幕表达和分享自我等特征。在互联网亚文化圈的"黑话""俚语""表情包"的浸染下,他们对互联网的感知成为本能,与互联网产品的反馈和交互也成为一种条件反射,认知模式和行为都发生了变化:习惯快速接受海量信息,喜欢根据自身习惯和偏好使用平台,对网络延迟容忍度几乎为零,愿意尝试新兴事物和技术,等等。因此,除了电商、音乐、视频等移动平台通过营造年轻用户的"自我意识"以获得青睐,移动政务服务平台也在通过打造符合年轻用户的阅读习惯、思维方式、情感接受度的运营模式,创造以数字"原住民"为中心的传播语境与服务场景,以贴近新兴用户的需求。

数字原生代基于对移动的偏好,对移动化、一体化和泛在化的政务服务的强烈需求,是未来城市服务场景创新的重要突破点。从疫情防控过程中出现的健康码、口罩预约等应用与服务来看,凭借着数字素养与数字技术操作能力,数字原生代正在引领移动城市服务的发展。随着更多新兴技术与城市服务的融合,城市服务场景将会更为智能,应用层次更为丰富。

数字即空间:数据要素成为城市新资源

未来城市的数字基础设施覆盖率与服务触达率将日趋饱和,城市的决策科学性、治理精准度与服务便捷性将提升到新的高度。当数据开放、众包众创成为未来城市的新常态，大数据势必成为新时代城市创新发展的新动能，数字空间与现实空间的场景连接、资源流动与数据互融，成为提振城市生命力和打造城市竞争力的时代契机。

数字空间正在由原来的信息传播载体变身为与城市活动结合的价值空间。当新冠疫情肆虐的时候，以腾讯会议、ZOOM等为代表的在线会议平台成为远程办公协作空间。2020年12月25日，腾讯会议发布的2020年度报告显示，2020年全年共有超过3亿场会议在腾讯会议上举行，疫情期间，每两个武汉人中就有一个用过腾讯会议。此外，数字空间还成为"网红"直播带货的商业主场，以薇娅、李佳琦、罗永浩等为代表的主播，重塑了在线销售供应链模式与在线消费模式，不断刷新单时段、单品的销售纪录。据初步统计，截至2020年5月8日，在疫情发生以来，有28个省市、170多个地市统筹地方政府和社会资金，累计发放消费券达190多亿元。如果通过传统方式在柜台、窗口和网点进行发放，这几乎是不可能完成的任务，且会耗费巨大的社会公共资源；但是通过小程序、App等城市服务平台，按照用户位置、消费品牌、所属门店等进行定向推送，则极大地提升了政策执行效率。

- **数字化拓展城市治理的"厚度"**

大数据能使政府决策的基础从局部信息走向全局信息，从定性考量走向定量判断，从滞后反馈走向及时预警，从部门分割走向信息协同，从而创新政府治理模式，推进政府治理的科学化与精细化。大数据可以为城市治理带来全样本数据。作为人口集中的城市，同时也是手机用户集中的地方，通过对手机信令数据进行分析，能够识别用户的空间位置，清楚地了解城市人群的分布现状，从而使城市治理不再仅限于传统随机样本数据，而是无盲区、无死角地实现对规划对象的精准管控，使城市治理从"蓝图式"规划向"动态过程式"规划转变。

大数据还将进一步从城市管理的"高级参谋"化身为惠及日常生活的"贴心管家"——集纳个人医疗信息，汇编电子健康档案，随用随取以便于异地会诊；把公共服务网点位置搬上数据"活地图"，按图索骥即可便捷到达。决策剧场[①]在实时大数据查询与分析、社会大数据分析与预测等方面效果显著，为社会治理、舆情分析与预测等提供理论和技术支撑。德国柏林的"寻找住所"项目就是使用大数据与增强现实技术，通过实时互动式的动态规划、在线模拟和观察周边街区的影响与变化，为难民营的最终选址决策提供支持。

大数据同时还会进一步强化民生服务、弥补民生短板——大数据医疗使得看病更靠谱，大数据基因能更精确地揭示生命的奥秘，大数据金融使得财源滚滚来，大数据零售比消费者自己更懂自己，大数据交通使得平安畅行无阻，大数据体育将重塑竞技世界。随着人工智能研发和应用的深入，智能音箱、智能机器人、无人驾驶汽车等"黑科技"产品将

[①] 电子决策剧场是一种为政府制定公共政策提供一个交互式立体化的直观决策环境的电子系统。借助三维影像、决策模型和交互系统，决策者可以身临其境，获得最直观最真实的决策信息。

崭露头角，并以更自然、更实用的方式融入生活。

◦ **数据创新城市经济业态**

大数据成为国家基础性战略资源，成为社会生产的新要素，正在深刻变革着城市中的科技、产业和管理。最直观的变革表现在：大数据催生的数据产业链条日趋成熟，一大批围绕数据采集、数据分析、数据交易的公司正在快速成长，大数据生态正在形成。例如，基于客户需求反馈大数据的研发设计模式，能有效解决"闭门造车"的问题，让企业的研发设计更加具有针对性和导向性。生产制造大数据能解决生产数据车间流动问题，让企业生产流线柔性化，以有效支撑个性化定制、体验式制造、网络制造等新型制造业态。

不同于一般城市呈现的生产者与消费者分离的状态。在未来城市中，围绕创新主体的活动，各种创新要素相互连接、耦合，形成一个相互嵌套的网络体系，形成创意不断涌现并不断资本化、产业化和社会化的创新型城市。城市将通过创新在人、服务、空间中生成新创意、新业态与新场景，在信息传播、服务供给及产业共创中创造出新的城市价值，进一步挖掘和扩展未来城市运行的边际效应，将基于数据的精细化治理、精准化服务与智能化决策发挥到极致。

城市即平台：城市成为一个生态系统

未来城市不再只是以钢筋、水泥、玻璃、道路组成的物理存在，还将存在于我们的手机、笔记本及数据中心里。未来城市的价值与竞争优势将不在于是否拥有高楼大厦、矿产资源及税收优惠政策，而在于是否拥有与市民生活息息相关的超级平台，或是否能成为全球数字经济发展中的重要数据枢纽。在未来，网络即城市神经，数据即城市血液，平台即城市中枢，共同构成城市运营的智慧平台。智慧平台通过集约化构建"大平台、微前端、富生态"的主流范式，实现人、服务、空间的高效交互、快速响应和精准决策。

2017年9月20日，国际电信论坛（TM Forum）正式发布了"城市即平台"联合宣言，宣言的签署方包括全球40个主要城市和政府机构，它们希望借助数字平台推动新型城市级数据经济的发展，从而提升可持续性和包容性。而随着平台、数据与算法对城市运行的渗透，数字平台不只在城市经济转型与创新领域发挥作用，更深入并全方位影响着数字经济、数字治理、数字生活等。从2021年浙江、上海、广东三地的实践来看，无论是浙江的"数字化改革"、上海的"城市数字化转型"，还是广东的"全面数字化发展"，"城市即平台"理念驱动下的数字化重塑已势不可挡。

◦ 城市成为一种新型平台

城市为什么会成为一种新型平台？首先，从平台的角度来看城市，我们可以看到，以爱彼迎、优步、共享单车、共享充电宝等为代表的平台及数字经济业态，正在成为城市数字化发展进程中的新物种。爱彼迎作为一家不拥有房屋的租房平台，将全球的闲置房屋与房东连接起来，打造成一个城市旅行者的居住与社交平台；优步作为一家不用车辆的租车公司，将全球的汽车与司机连接起来，打造成一个全球最大的客运服务平台；而共享单车、共享充电宝等更是将城市空间与数据价值相结合，打造基于城市空间、位置与时间的商业模式。在数字新物种崛起的过程中，城市显然已经成为一个数据交互的枢纽与商业模式创新的载体。

其次，从城市的角度来看平台，最为典型的是以湖南长沙和山东曹县为代表的"网红"城市。长沙作为一座中部城市，不仅拥有"文和友"这样的城市文化地标商业IP、以贩卖快乐闻名的"芒果台"这样的娱乐文化电视台，还有以高密度开店著称的"茶颜悦色"这样的青年饮食文化符号，全国年轻人趋之若鹜的背后其实就是他们对长沙作为一个平台可以生长出来的更多可能性的期待。曹县作为汉服与棺材的产销重镇，最先被网友所熟悉则是来自"北上广曹"的调侃，而随着网络关注度的提升，曹县成为网友参与城市内容创造及连接全网资源助推营商环境升级的平台。长沙与曹县的案例说明，"城市即平台"的理念背后，新一轮的城市竞争将对所有城市进行重新分工与角色定义。

巨型城市、城市群的网络协同效应促使平台城市崛起。经济合作与发展组织（OECD）估计，到2050年，中国的城市化率将达到75%，有10亿人将会生活在城市。目前中国已经有15个人口超过千万的超大城市，还有23个人口在五百万到一千万规模的城市。不仅如此，城市之间连接的进一步增强也在加速城市群的崛起。按照"十四五"规划纲要的要求，全国范围内将要建设19个国家级城市群，约占中国经济活动总量的九成，其中3个已逐渐形成：珠三角、长三角和京津冀地区。如此大规模的人口集聚意味着巨大的网络效应和协同效应，即越大的城市越能够为城市这一平台上的各方参与者提供更多参与和互动的机会。城市正成为一种新型平台。

◦ 平台模式成为公共服务供给新方式

上至国家政务服务平台，下至城市社区的政务服务应用，平台模式无疑都是数字化公共服务输出的重要方式。在持续多年的"放管服"改革与"互联网+政务服务"政策推进下，统一的数据标准、事项规范、办事流程、证照体系、技术接口等也成为公共服务平台化供给的重要基础与保障。

不同于政府实体的行政服务大厅，平台模式不存在空间上的限制，它的覆盖能力可以超越地理上的制约，并且其边际效用不存在递减趋势，可以实现1对多甚至1对N的效果。平台模式一方面最大限度地优化了行政资源与社会资源配置，在对接政务服务供给端与需求端中起到了重要的连接匹配作用，并可以通过平台的数据沉淀、智能辅助技术等提升服务效率与体验；另一方面，平台模式通过对平台生态与"多边市场"的衔接，可以推动平台内生规则与内部创新的成型，逐步形成自我驱动、自我创新的可持续发展态势。

数字技术与智能设备改变了原有的服务流程和效率，实现了服务创新、模式创新、资源配置创新甚至是组织创新。例如，人脸识别、位置服务、移动支付、一键接入整合数据、随时随地与外界连接等特性为公共服务的身份认证、查询、缴存、导航、支付等关键环节的轻量化、后台化提供了可能，有效缩短了服务时间。2020年，政务小程序总量已超6万个，比2019年同期增加52%，服务人次达1920亿，增长约20倍。[1]

◦ 平台思维提升城市治理效率

人与智能手机、可穿戴式设备、共享单车、无人驾驶汽车等不同载体与空间交互所产生的数据，进一步拓展了城市治理的边界。城市治理不再单纯依赖政府力量，基层、个体和组织都成为重要的参与者，这不仅减轻了政府的负担，而且极大地提升了城市治理的效率。多元治理主体共同参与平台建设，同时也让治理主体本身或者服务对象享受平台服务，推动形成共建共治共享的社会治理格局。

简言之，未来城市不再是某一城、某一领域的物理构造，而是一个完整的生态系统——数据基因与能力深入到城市经济社会生活的方方面面，城市的生产、生活、治理、服务将更有机地成为一个整体。在未来城市的生态系统内，社会创新将呈现更多元化的分布，每一个环节都可能成为某一项共享智慧功能的发起者，去中心化的体系将产生更为强大的创新动力和势能。以爱沙尼亚创建的 X-Road 平台为例，平台覆盖、连接和运行了政府的所有事务，政府参与的常规服务——立法、投票、教育、司法、医疗、银行、税务、治安等——都通过数字方式连接到一个

---

[1] 《移动政务报告2021——小程序时代与移动政务3.0》，中山大学、腾讯云、腾讯研究院，2021年4月19日。

平台上。除了提供跨多个数据库的查询机制并支持文档的安全交换之外，X-Road还无缝集成了不同的政府门户网站和应用程序。此外，私营企业也可以进入X-Road平台进行查询。

从上海、苏州、珠海、丽水等城市举办的城市数据开放相关主题竞赛来看，城市不仅成为一个数据吞吐平台，同时也成为社会共同参与发现问题、解决问题的平台。利用城市数据的开放资源与接口，针对城市存在的具体问题与场景化需求，通过社会众创与智力众包的方式，打造类似于"黑客马拉松"的城市数据创新平台。在2020年新冠肺炎疫情防控过程中，"疫情地图""密切人群查询"等应用其实就是率先以Beta版的形式由数字极客在互联网上推出，其背后是工程师利用城市公开数据的自发创新行为，其应用功能的不断完善则依靠用户不间断地提供最新数据。

04

WeCity 未来城市的进化与生长

长期来看，新型城镇化和新基建的持续深入推进，为数字技术与城市经济社会的融合带来了更多想象空间。短期而言，新冠肺炎疫情、洪涝灾害等社会突发事件也对加快恢复经济增长、提高城市精细化治理能力和综合服务水平提出了紧迫的要求。在经济面临疫后恢复及国内国际双循环的背景下，未来城市发展既需善用数字技术加强社会治理和综合服务，更需兼顾打造新经济增长极的目标。基于此，WeCity未来城市面向城市的全面数字化转型提出"三新"进化方向，即以新空间为载体，充分发挥新服务和新治理的支点效应，培育打造经济社会发展的新动能。

"WeCity未来城市"理念内涵

第一节 新空间：数实共生、三端融通

回顾历史，每一次技术革命都会引发城市空间的适应与变革。从中国城市化发展趋势与疫情冲击下的城市应对来看，数字赋能下的城市价值与能量正在向外与向内传递。"向外"传递即是指城市开始突破自身的地域边界、资源限制和行政桎梏，面向都市圈与城市群进行能力扩散，比如长三角、珠三角等地区，所在区域的发展前景、资产价格与产业创新将不再局限于某一个城市内部，而是与整个区域的发展潜力、前景与预期"同频共振"。"向内"传递即在城乡融合发展的战略下，城市治理和服务的工具、资源与能力向内精细到社区空间、乡村空间，并逐步形成数据要素流动支持下的一体化治理和服务。此外，在云计算、大数据、物联网、人工智能、数字孪生等相关技术的支持下，城市正在呈现实体空间、数字空间、社会空间融合的趋势，未来城市将依托城市云支撑的小程序、政务微信、公众号、微信群、城市信息模型（CIM）等，为每一个颗粒度不同的单位城市空间注入数据能力，走向由数据牵引、再造和重构城市空间价值的新时代。

社区空间："最后一公里"与 C、B、G 融通

社区一直被视为是城市治理的"最后一公里"，是以人、物业、建筑和事务为核心要素的城市最小空间单元，承担着越来越多的社会管理

与服务工作。从本次新冠疫情防控来看，社区作为处在城市治理底端的神经末梢，是对社区居民、车辆、流动人口等进行联防联控的重要节点，多个城市在疫情暴发期间发布的密接者流调数据均细化到社区。随着数字赋能的疫情防控精准度的提升，国内不少城市将"中高风险"地区的设置也对焦到街道社区层级。由此可见，社区空间在数字化、网络化、智能化驱动下，已经由城市治理的"最后一公里"转变为"最初一公里"，社区由传统视野下的城市工具、能力与资源的承接者，变成城市决策的执行者、市民诉求的传输者、社会资源的整合者。这背后的关键在于，由于平台、数据与算法的驱动，社区作为一个包含了生活、情感、资源、创意的城市最小空间单元，在城市网络中的空间价值与节点意义不断发酵，新冠疫情使得社区不仅仅要满足政府"自上而下"的治理需求，同时也要兼顾居民"自下而上"地获取社区服务和物业"一对多"管理的诉求，即打破市民、企业和政府三端孤立的状态，形成三端融合的服务闭环。

在政府端，二维码、小程序、微信群等轻量入口和工具，可有效实现信息上传下达、引导社区居民参与公共事务、组织邻里互助、在线高效办理相关事务等，打通治理结构上的"最后一公里"。例如，电子出入码解决了社区基层在疫情防控中使用纸质表格登记带来的效率低、准确度不高、隐私泄露和追溯难等难题，居民通过"扫一扫"功能，只需5秒即可完成个人信息的登记，生成电子出入证后扫码核验即可进出社区。

除了传统的政府侧社区治理手段，近年来市民和企业侧也正迎来场景变革。在市民侧，通过小程序、城市服务平台、政务App等流量入口，信息和服务可以高效触达社区居民。"腾讯云未来社区"的数据显示，一个小程序在1个月内能让70%的社区居民了解或使用。对企业端而言，不论是物业管理还是社区商业服务，场景数字化都很重要。尤其是老旧社区普遍存在停车难、人口流动性大、安全系数低等问题，而智能门禁、智能停车场、智能快递柜、智能垃圾分类等服务无疑减轻了物业的管理成本和人员投入，也改善了社区的居住体验。

社区作为离消费者最近的"入口"，有望成为城市经济增长的新场域。社区商业正从"柴米油盐"的日常生活消费供给向更广阔的"衣养娱闲"等消费领域拓展，文体中心、社区卫生服务所等功能被相继引入。在疫情加速催化下，生鲜电商、非接触式配送、无人零售、社区拼团等新兴业态发展势头良好。未来，家电维修保养、3C产品快修、家政保洁等均可一站式满足"15分钟生活圈"内社区居民的生活诉求。

政府与市民、企业连接融合创造的效率矩阵，不仅帮助各管理部门和服务主体实现了低成本高效率的输出，而且还重构了社会治理和社区商业形态。腾讯云未来社区正是基于上述思考，在新基建底座上输出积累多年的数字化经验、能力，帮助社区搭建市民、企业和政府三端融通的社区服务平台（2C）、商业运营平台（2B）和社区治理平台（2G），一体化串联安防、教育、出行、养老、零售等全场景的服务和管理，实现"智社区、慧生活"。

都市圈/城市群：数据重塑"市中心"

都市圈/城市群作为城镇化空间的主体形态，已经成为我国生产力布局的核心增长点，也是新技术、新模式的主要发源地与实验场。从全球发展经验来看，数字技术将深刻影响都市圈/城市群的发展变革。例如，五大湖城市群依靠高度发达的信息网络，共同构成一个相对完整的城市集群电子商务网络，并通过电子商务集聚形成规模经济、范围经济，缩短了城市间的经济距离，实现区域内协同发展。就数字化转型趋势下的中国都市圈与城市群发展来看，它不仅体现了数字技术驱动下的集结与融合效应，同时还因为城市治理能力、服务平台的数字化加速而逐步展现出城市发展能量分布式扩散的影响。而最为显著的标志则是"市中心"的功能与价值的弱化。一方面由于超大型城市的资源与能力外溢，高房价与高生活成本的挤压，越来越多的数字经济企业总部向周边城市或营商环境优良、人才资源集聚的区域迁移，由此带来的消费文化、商业资源、服务能力等推动城市发展升级；另一方面则是城市服务平台的便捷、高铁网络的逐步完善以及智能化自助服务的跨城跨区域布局，使市民工作、生活与娱乐需求在城市空间里的流动越来越短距化，不再是向某个超大城市或者"市中心"集中，而是工作、生活、娱乐、教育等各有各的"中心"，或者首先在数字平台上进行预约和咨询，然后再根据距离向各个区域辐射和分发。

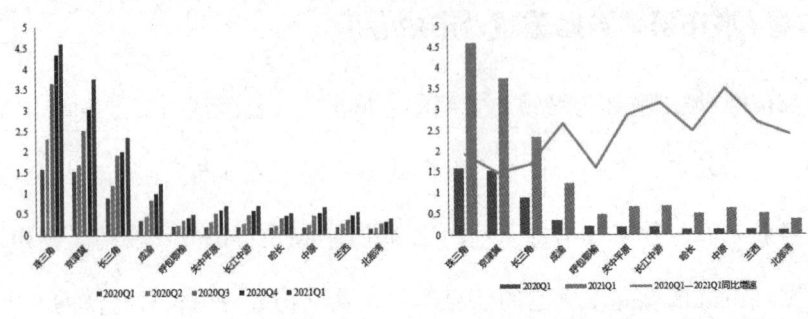

2020Q1—2021Q1 11大城市群分季度数字化转型指数　　2020Q1—2021Q1 各城市群数字化转型指数均值&同比增速

中国11大城市群数字化指数均值及增速[①]

《数字化转型指数报告2021》研究数据显示，城市群是拉动未来中国经济增长的核心引擎，11大城市群数量虽然只占全国城市的49%，但其数字化指数占比近80%，且2021年第一季度同比增速均超过100%。南部珠三角、北部京津冀、东部长三角和西部成渝地区所辖城市的数字化均值明显领先。值得注意的是，中部地区（中原、长江中游）增速领先，特别是中原城市群的同比增速最高，达到近350%，虽与发达地区体量差距还较明显，但有较大增长潜力。此外，城市群对数字经济后线城市有较好的带动作用，尤其是对四五线城市的辐射和溢出效应，使数据重塑"市中心"或"分中心"成为现实。

数字空间协同是区域一体化的先导与基础。依照都市圈的空间演化规模，核心城市发展到一定阶段后，经济活动的扩散效应会逐渐大于集聚效应。这意味着物理空间的存在感会有所稀释，而数字空间的获得感将进一步增强，部分空间如中央商务区（简称CBD）的符号化作用将减

---

① 《数字中国指数报告（2020）》，腾讯研究院，2020年9月10日。

弱。在此影响下，各要素的流动汇聚会自然从线上开始，新基建的落地会加速这种汇聚，推动跨区域的政务服务数据互通共享则成为区域一体化的基础。2019年5月，长三角地区开通"一网通办"专窗，51个政务服务事项可在上海、江苏、浙江和安徽的14个城市实现"一网通办、异地可办、就近办理"。不仅如此，综合物流枢纽的智能化将使得都市圈/城市群内物流和资金等要素的线上化流动更为频繁和高效。

城市是一个动态的生命体，而都市圈/城市群作为城市的集合，生命体征的复杂度更是以指数级增长，人口膨胀、资源枯竭、环境污染、交通拥堵等"城市病"几乎是所有都市圈/城市群发展过程中的通病。都市圈/城市群的智慧化运行正为这些通病提供了对症的"良方"。例如，都市圈居住空间与就业空间普遍分离，带来职住不平衡、过度通勤等问题，且交通成本问题对居民职住分离现象的影响随城市扩张而加剧，先进的智能交通系统通过打造快捷"通勤圈"，辐射式带动区域发展。再者，随着远程办公时代的到来，生活场所、工作空间二者之间的边界越来越模糊，空间功能将朝着混合多元的方向发展，以支持生活、工作需求的就地实现，从而达到职住、通勤、区位影响的相对平衡。例如，丰田公司在富士山下开建"Woven City"，除了满足人们的日常通勤需求之外，还可以提供移动办公、零售空间、医疗诊所、酒店客房等服务功能。此外，基于上海市发布的"五大新城"规划来看，从城市规划的功能性角度定义城市发展布局已经成为过去，城市的设计与发展需求正在回归人的需求本身。

第二节　新治理：跨区流动、一网统管

数字时代的城市治理需要重点关注三个问题：一是技术适恰与管理合法性问题，比如健康码的数据采集、展示与应用伦理；二是局部场景与全局影响的问题，比如某个社区的疫情防控措施对整个城市运行的影响；三是无限的数字空间与有限的城市资源之间的关系问题，比如每一位市民都可以下载一个共享单车App使用相应服务，但共享单车的投放对于城市而言应该是有限度的，否则不仅不会为城市公共出行带来便捷，还会影响市民的正常生活。新治理是指善用数字技术，助力政府组织体系、运行流程、技术架构适应快速变化的环境，支撑城乡共建、社会共治格局的形成，最终实现实时、协同和可持续的治理能力。新治理的目标应该是在数据、人口、资源高速流动的城市空间，找到数字时代城市治理的核心价值与关键杠杆。通过"一网统管"实现城市治理流程与模式创新，其本质是数据驱动下的城市运行问题发现、分析研判、领导决策、现场处置、结果反馈等各个环节的闭环联动，结合不同组织与个人的数据常识、数据思维与数字素养提升，改变传统的"拍脑袋"治理决策方式，逐步建立符合城市发展规律与个性发展诉求的数字治理新范式。

治理模式：从静态治理向流动治理转变

随着空间格局的都市圈化，城市内、城乡间的社会流动日益便捷且不断加速，各城市的社会治理范围不再仅限于属地居民，"全域治理"逐渐兴起。改革开放以来，我国代际总流动率持续上升，从20世纪70年代的0.38上升至当前的0.71。[①] 2019年，全国铁路旅客日运输量达1003万，是十年前的2.18倍。中国城市跨城通勤频繁，呈现以都市圈/城市群为主的网络化结构，此外，移动互联网的强渗透也进一步加强了全社会的连接与互动。

高速流动增强了社会发展的活力，但也加剧了社会治理的复杂度，对作为支撑的技术架构与数字平台提出了更高要求。现有政府各部门社会治理的技术架构有很大一部分是基于城市和机构日常运作的需求与常规管理流程来设计并建设的，总体偏静态，灵活性和响应速度在此次新冠疫情应对中明显受到了较大的挑战。小程序、健康码这类轻应用在信息采集、开发速度、数据共享方面体现出了独特的优势。腾讯"城市码"作为面向市民、企业及城市提供统一赋码服务、多级管控及多码绑定服务的代表性应用，经过全国超过300个省、市、县健康码应用的"历练"，已服务超过2亿人口。通过无缝升级四川、云南、武汉等地的方案，支持政府部门实现了从战时防疫保障到平时城市民生服务的平稳过渡。治理、经济、生活的全面数字化转型正成为不可逆转的趋势，如何将流动

[①] 《固化还是流动？——当代中国阶层结构变迁四十年》，李路路、石磊、朱斌，《社会学研究》，2018年第6期。

性贯穿公共危机事件应对的全过程和城市管理的日常工作，设计出更具弹性、韧性的技术架构和应用，并像健康码、城市码一样以"小切口"构建"大场景"，进而推动政府部门的组织优化和运行管理模式变革，是未来治理亟待破解的难题之一。

治理结构：从集中式向分布式协同转变

城市功能系统本身就是一个多中心、多组织、多模块相互协作的综合运行体系。传统的单中心集中管控模式显然无法有效应对城乡社会矛盾的多变和社会风险的不确定，分布式协同治理是大势所趋。同时，基于云计算的算力泛在化为多层次、多节点集中控制提供了可能，也为协同治理提供了技术支撑。具体体现在以下方面。

算力与人力协同。算力和人力正在产生新的融合，使得治理韧性进一步增强。比如城市基层都在通过健康码检测来防控疫情，但不具备智能手机使用能力的弱势群体则需要人力配合使用其他验证方式；在"夜经济"摊位摆放、垃圾分类处理等城市场景中，智能算法和高清摄像头识别等机器层面的功能只是识别和提供数据，如何进行核查和人性化治理，还需要人工的实地督查及社群效应的帮助。比如在新冠疫情蔓延初期，国内个别城市的市民在乘车返乡、公交出行等场景中因为不会使用健康码而受阻或被歧视，也有人因为数据故障导致健康码无端变成"红码"而被影响了正常生活。因此，城市治理需要借助数字技术的支撑与赋能，但不可将管理责任与服务品质全然寄托于技术本身，"有温度的服务"不可缺少人的参与。

多部门扁平化协同。传统的治理模式主要将所有一线问题反馈到中枢再进行解决，现在通过城市"一网统管"平台，可以即时解决、就地解决，本质上是从"云化治理"到"雾化治理"的转型。此外，传统的治理模式容易造成条块分割的局面，每个部门都有自身的独立系统和决策中枢，完全平行化的治理模式导致同一事件的界限模糊、职权纠缠的现象并不鲜见。对同一个城市问题，各个部门的定义和名称不一样，多个部门并行解决，一定程度上会造成重复建设与资源浪费。同时，社会治理是一项系统工程，需要在分类治理的基础上实行融合治理。这意味着需要不同部门间加强组织关系和业务联系，以应用场景为牵引，通过扁平化模式，建立跨部门或跨地区的联合数据中台，以实现信息和数据汇聚共享。

第三节　新服务：高效下沉、一网通办

随着国家新型城镇化、现代化都市圈战略的提出，大中小城市和小城镇协调发展的新型城镇化空间布局将带来巨大的发展增量。新服务的"新"，其核心在于三个方面：其一是新的服务方式，"无接触服务""告知承诺办""无感申办"等均是在新基建支撑与服务流程优化下的创新政务服务方式；其二是新的服务体验，从"网上办""移动办"与"就近办"进一步升级为"免证办""扫码办"等新的体验模式；其三是新的服

务价值，数字化不仅仅提升服务效率与服务品质，同时也在改变服务生态及服务水平对城市产业结构与竞争力的影响。

"一网通办"的本质是以统一的数据标准、共享规范、服务流程、服务体验等支撑的数字政务服务模式，是通过城市政务服务与公共服务的在线化、智能化、均等化供给，以缩小数字鸿沟、普惠数字红利的重要举措。通过连接政务服务机构、政务服务事项、公众与企业、社会资源等主体与要素，"一网通办"以数据、流程、资源的融通为手段，实现统一标准下的多元化界面、多样化终端与多种类入口的高效服务模式，是未来城市实现"数惠"全城的重要手段与路径。

在以小程序、政务微信、健康码等构建的便捷服务入口之外，流动治理得以拓展的背后是身份认证体系、电子证照库、社会信用体系以及人工智能、区块链等新基建的统一支撑，以及跨区、跨城和跨省的工作协调机制的建立。从城市的具体实践来看，长三角"一网通办"窗口进驻各个城市行政服务大厅、粤港澳大湾区内设立"跨区（特区）办事"政务服务自助机，以及基于移动城市服务平台的医保社保跨省结算服务，均是在数据共享支持下的流动治理案例。

服务贯通：去中心化的服务生态构建

随着新基建发展进程加快以及迭代创新等"敏捷化"互联网思维的引入，政务服务有望摆脱传统建设模式的"路径依赖"，转而实现云化、共享、敏捷的技术生态建设，发挥多方主体的创新力量，实现城市公共服务的共建共享。去中心化、轻量化、共创化的城市公共服务生态构建，主要通过技术融合、数据贯通与应用聚合来实现——

技术融合，开发快、迭代快，实现服务的敏捷交付。促进技术融合，突破传统政务系统的"封闭"现状。一方面，政务服务系统建设将在云端，可以避免重复，便于运营设计，最大程度集约，同时可保持扩张的弹性；另一方面，从重IT开发转变为基于低代码开发平台的敏捷化开发，如纳入AI、区块链、物联网等前沿技术引擎，提供更多通用的服务支持以快速满足需求并实现协同。基于云化平台的技术融合应用，在有效降低行业应用开发难度的同时，将接口统一的工作前置解决，为后续数据、应用的融合提供重要的基础设施，从而解决技术、数据的"异构"化难题。

数据贯通，体量轻、流程短，提升服务的执行效率。数据贯通可解决目前各地区和部门数据整合难、部门间配合不够积极、数据孤岛现象普遍存在的问题，为政务服务零延时、零材料和全流程可视化提供可能。用户可以即时申请，经过实时批复快速收到处理结果；电子化、无纸化的"一网通办"利用区块链等技术，对个人身份确认、不动产登记、企业注册等场景直接进行后台数据匹配，解决了以往申请材料多而杂的问题；从服务申请发起到结束，每一个环节的进度和数据使用情况都可由用户一手掌握，在保证隐私安全的同时倒逼服务效率的提升。2020年4月9日，《中共中央 国务院关于构建更加完善的要素市场化配置体制机制的意见》印发，对政务数据共享、应用、安全等进行了明确要求和规范，提出了数据要素与劳动力、土地、资本等具备同等的市场地位，为政务数据乃至社会资源数据的融合利用、流程重塑提供了重要的政策机遇。

应用聚合、生态广、接口多，丰富服务的供给与反馈。推进应用供给多元化与用户触达一体化的结合，实现从重主控、轻生态到生态化多元应用的转变。公共服务的需求是丰富、多元的，任何单方面的力量都不足以应对全量的需求，需要激发所有人来合作参与创新开发，多方共治。从上海、长沙、南京等多个城市的政务服务小程序、App来看，在城市服务数字产品供给上均采用了生态化合作的模式，或是开放API数据接口，利用城市公共数据资源引导企业围绕城市治理与服务需求进行创新开发，或是建立统一的数据标准与服务设计规范，引导企业和社会组织参与城市服务生态的共建共享。

服务下沉：从被动反应到主动服务

"十四五"规划纲要指出，要推动资源、管理、服务向街道社区下沉。所谓"服务下沉"，从服务触达而言，是城市服务由中心向边缘扩散的具体表征；从服务内容而言，是城市服务由模糊化走向精准化的再次"对焦"。

推进政务触点的高效下沉。一方面，触达规模扩大，服务触点下沉至社区、乡村。持续推进简政放权，进一步明确各级各部门的下沉清单管理，建设全覆盖的政务数字化服务体系，除市、区之外，通过更多便民的行政服务中心、社区服务中心、24小时自助政务服务驿站，增强社区级别的政务服务能力。另一方面，触达效率提高，促进更多业务"一窗办结"。推进行政审批数字化、标准化，通过数据多"跑腿"，实现民生、公安、注册登记、税务等多项业务在一个综合窗口受理，并将办件信息流转至相关部门审批，遵循统一的审批服务标准，部门审批完成后再统一反馈到综合窗口，由综合窗口进行发证，继而进一步推进跨区、跨市、跨省办理。

提升服务供给的精准度，覆盖长尾需求。一方面，利用数据反馈反哺服务规划。借助政务服务办理过程中积累的人口、年龄、收入、消费及服务反馈等基础数据，充分评估各级单位、各部门的业务需求，可更加有的放矢地实现公共服务共建共享与均等化供给，并同时为定制服务、定向供给提供决策依据，如对贫困地区、特色小镇等给予具有地域特色的专项支撑。另一方面，在服务更多人群的同时，提升政务服务供给的个性化与精准化，改变以往流程僵化、体验单调的供给模式。除利用数字平台、网络社区及传感设备定期感知、收集和分析市民反馈，智能化识别市民需求，主动提供相关服务，监测公共服务实现情况，增强服务的互动性并及时做出优化调整，还可利用人工智能、增强现实等新技术，定向为群众和企业提供差异化、沉浸式的政务服务。

产城融合：产业服务的新模式探索

世界银行于2019年10月24日发布的《全球营商环境报告2020》显示，中国营商环境全球排名第31位，首次跻身全球前40，连续两年入列全球营商环境改善幅度最大的十大经济体。营商环境便利度排行榜涵盖了10个领域，包括开办企业、办理施工许可证、获得电力、登记财产、获得信贷、保护少数投资者、纳税、跨境贸易、执行合同和办理破产。从近年来我国在"互联网+政务服务"与"放管服"改革中的推进来看，开办企业、办理施工许可证、纳税、办理破产等多项影响营商环境质量的工作的数字化赋能，对我国营商环境的大幅改善具有重要作用，特别是在营商政策触达、获取与兑现上，基于数字政务平台、智能技术与数据创新方面的应用，对城市经济和产业发展产生了重要影响。

数字产业化的孵化促进。 结合城市特色，加快新基建的应用研发。随着国家在空间上明确现代化都市圈的建设方向，在投资上大力推进信息基础设施、融合基础设施及创新基础设施建设，充分激发新产业、新业态的市场需求，并提供与之相适应的公共服务，近年来，各大互联网公司、运营商及终端设备商均在加大对产业互联网的投入力度，为各地智慧城市的产业数字化发展提供了重要的孵化环境。腾讯智慧产业生态平台已发布全国首个产业加速器，目前正在从AI和SaaS两大方向为各产业互联网赛道提供动力，为城市创造大量的新产业机遇。

产业数字化的服务支撑。 打造可持续发展的智慧园区，助力传统产业集群服务的数字化升级改造。随着区域格局复杂度的提升，以及政府、园区、企业多方面需求的进化，园区建设须在智慧化和产业生态运营的方向实现进一步发展。未来园区旨在通过数字化手段助力运营管理，为多方角色提供决策支持，扶持和服务产业发展，从而打造连接"政—

园—企"、协作互动、万物互联的智慧生态。腾讯联合各地政府打造适应当地产业发展特色的城市智慧产业发动机"云启产业基地",通过打通腾讯B端技术、产品、平台能力以及C端场景、流量能力,助力城市的智慧产业生态建设,现已落户长沙、贵阳和南京等城市。

产城能力的长期培养。从中长期来看,在产城融合方面,还须持续改善生产力环境,加强技术、人力传统要素以及数据新型要素的市场配置,为企业数字化转型提供支撑。借助平台的力量,首先应加强技术与人力的引进与培养。一是根据区域产业结构及发展需求提供人才发展咨询服务;二是通过体系化的转型培训和咨询,为产业互联网决策者提供产业转型升级的思路和方法;三是可以通过与高校合作的模式建立人才培养体系,助力数字产业人才培养。其次是提供金融、数据等要素环境的建设,如"云量贷"等新型企业贷款模式,可有针对性地解决中小企业数字转型初期的资金难题;同时,数据供给的相关制度保障正在逐步形成,将促进社会数据共享交换,提升社会数据资源价值,培育新型数字业态。

第四节　WeCity视野下的智慧城市进化路径

"十四五"规划纲要指出,分级分类推进新型智慧城市建设,将物联网感知设施、通信系统等纳入公共基础设施统一规划建设,推进市政公用设施、建筑等物联网应用和智能化改造;完善城市信息模型平台和运行管理服务平台，构建城市数据资源体系；探索建设数字孪生城市。从基础设施、治理体系、服务模式与决策范式来看，智慧城市的发展正在向"数实共生"的方向演进。上海市率先发布《关于全面推进上海城市数字化转型的意见》，提出推进"经济数字化、生活数字化、治理数字化"转型，是继"一网通办"与"一网统管"之后，国内城市推进智慧城市建设与发展的"新标高"。从智慧城市、新型智慧城市到城市数字化转型的演进逻辑与成熟度走势来看，我国智慧城市的发展路径可以从空间、治理和服务三个维度表现为三条曲线。

智慧城市进化路径概览

第一曲线（2008—2015 年）：技术驱动，小区域试点

本阶段主要是以政府主导建设信息化工程为主要建设特征，智慧城市尚处于小区域、小范围试点建设的基础设施建设期，以传统信息技术集成商的解决方案为主。由于缺乏产品思维与用户体验意识，技术应用

与用户需求割裂，智慧城市的市民口碑较差、参与感不强，但智慧城市的社会认知启蒙已经开启。

空间上，以显示屏、摄像头、公交站牌等为主的智慧城市基础设施建设逐渐出现。

治理上，孤岛式、点状化、片段式的城市经济社会领域的数字化应用开始试行。

服务上，以政府网站为主，提供查询、下载及少量预约、预填报的政务服务逐步上线。

第二曲线（2016—2020年）：数据与场景驱动，单城建设

本阶段主要以政府和企业协作推进智慧城市项目为主要建设特征，智慧城市处于一个规划试点建设热潮、资金大规模投入及应用野蛮生长的快速发展期。由于"互联网+"思维的逐步渗透，平台企业、大数据公司、人工智能企业的逐步涌入，智慧城市的用户体验、服务能力与市民口碑获得了空前提升，数据要素的异质性开始显现，数据治理得到前所未有的关注。

空间上，城市数字基础设施建设已基本完成——传统能源/交通/环境基础设施的数字化升级与智能化终端部署基本完成。

治理上，静态治理开始向流动治理和全要素治理转变，小程序、二维码等轻便、快捷的治理工具被广泛应用，成为智慧治理的主要抓手。

服务上，智慧服务在区域内打通并下沉，"数字接口"在农村和社区

的建设基本与城市中心水平一致。从精准扶贫到乡村振兴，连接智慧城市与数字乡村的"数字旋转门"开始启动。

第三曲线（2020年以后）：生态与机制驱动，城市群／都市圈发展与"微型试验"并进

本阶段主要以推动"政府—企业—市民"共建智慧城市为主要特征，通过构建支撑满足市民、企业多样化服务需求场景的城市级平台，并将可共享资源及利益互补、协同合作的多元主体组织成具有共同目标的生态系统，政府机构、企业、科研机构、大学及普通市民均可参与数字化场景创新，智慧城市应用与体验模式百花齐放，实现数据要素驱动下的人、产、城协同发展。同时，由于数字技术的快速发展与广泛渗透，智慧城市建设过程中的技术伦理与制度权力、公众容忍度之间的博弈与平衡越来越受到关注和重视，涉及智慧城市建设的相关法律、机制设计成为推动可持续发展的重要保障。本阶段不仅出现了长三角、京津冀、粤港澳、南京都市圈等城市群、湾区与都市圈的智慧城市群团式发展态势，同时，也涌现出以中国雄安新区等新城新区为载体的智慧城市"微型试验"，通过创新城市发展理念、数据规则、服务场景等，在技术、模式、机制等方面探索未来城市的发展方向。

空间上，新基建的支撑与驱动，使城市借助数字技术在空间内加载复合功能，活化城市空间的使用价值，如职住一体、空中交通等。此外，如北京、上海、长沙等城市面向自动驾驶等"新物种"的城市道路空间

规划也开始出现。

治理上，在工商、税务、公安、卫生、应急等垂直系统的基础之上，以政务数据开放、电子证照共享等为抓手的条块之间的数据打通，成为提升城市数字治理能力的核心动力，区际、城际、省际的数字治理协同成为发展方向，以共建共治共享为目标的城市基层治理格局逐渐形成。

服务上，以"一网通办""跨省通办""无接触服务"等为主要特征的城市服务模式逐渐成为主流，服务内容、服务模式、服务场景的"众筹"化、"众包"化与"众创"化成为本阶段的发展方向。

此外，从城市运行与发展的载体、界面及对象来看，智慧城市的成熟度主要表现在三个方面：初级阶段主要是利用数据赋能以提升城市实体空间的"流动性"，使城市价值、能量逐步外溢，衍生出超越地理位置与资源禀赋的城市效应；中级阶段则是通过以小程序、App、城市服务平台、"一网统管"平台等为主要界面的城市数字空间构建，为城市治理转型、服务升级与决策优化提供重要支撑，重构城市运行秩序；高级阶段即是通过数字空间与实体空间的交互、融合与"数据对流"，走向以城市信息模型、城市数据资源体系及城市智慧中枢等为支撑的"数实共生"城市。

06

WeCity 未来城市的能力与场景

2021年7月20日，郑州市遭受极端天气特大暴雨突袭，停水、停电、断网、断路，城市运转近乎停摆。新冠肺炎疫情、极端天气等突发事件，给全球城市的治理和发展带来高度不确定性，而在不确定性中开展城市治理将成为常态。世界气象组织（WMO）在《2020年全球气候状况报告》中指出，2020年全球气候变化指标和影响进一步恶化。2021年8月4日，中国气象局发布《中国气候变化蓝皮书》，报告认为，气候变暖仍在持续，极端气候事件的风险进一步加剧。

面对常态化的不确定性，城市如何更具韧性、更加敏捷地应对？数字化作为城市生命体的"血液"，相关的数字技术、资源、工具、设施、应用如何满足上述需求？

第一节　升级：四大能力支持城市持续敏捷进化

2021年，上海、浙江、深圳、北京、天津等地陆续发布了加快数字化转型、数字化改革、智慧城市和数字政府建设、数字经济标杆城市建设、数字化发展等相关政策文件，以提升超大城市治理体系和治理能力的现代化水平，促进经济社会高质量发展，塑造未来核心竞争力。

城市数字化转型是基于数字化理念和思维，通过新一代数字技术的融合应用，支持城市空间形态、治理模式、服务模式、产业模式的整体转变，全面提升城市环境质量、运行效率、生活品质、经济活力，满足人在当前和未来对城市价值的全场景需求。

城市数字化转型正在呈现三个重要趋势：

第一，数实混合治理要求高效能、强韧性的数字系统支撑。根据 IDC 预测，到 2025 年，30% 的城市将使用 IoT、AI、数字孪生等数字技术来进行数实混合的关键设施管理和服务提供。数字混合治理将成为城市现代化治理能力的重要内容，例如依托城市物联感知"神经元"和基层治理人员巡查结合来实时发现问题、上报问题，基于不同场景、不同类型数据的汇聚分析支持管理人员精准研判城市事件，通过决策者大屏、管理人员 PC、基层人员手机实时联动开展突发事件处置，在物流、零售、远程医疗、在线娱乐等更多领域为市民提供便捷的"非接触式"服务，等等。在此趋势下，数字系统需要更高效地支持城市数字空间、实体空间、社会空间融合，更快捷地响应城市复杂系统的各类不确定性变化，更无缝地实现人与人、人与物、物与物的连接。

第二，都市圈数字化要求跨域互操作的平台支撑能力。新冠肺炎疫情下，跨城市的健康码信息共享和联防联控成为必要手段。从全球范围来看，城市群、都市圈已经成为城市协调发展的普遍形态。我国"十四五"期间将"依托辐射带动能力较强的中心城市，提高 1 小时通勤圈协同发展水平，培育发展一批同城化程度高的现代化都市圈"。随着城市间要素流动不断增强，城市需要更标准化、可互操作的城市级数字化平台，支持城市间的数据流动和跨域治理、服务通办、生活同城、产业融城。

第三，绿色生态导向要求集约低碳的数字化服务能力。碳达峰与碳中和是减缓气候变化的重要战略，一方面，数字化需要支持城市的绿色化发展，例如要实现在线办公、医疗、教育及在线碳交易、碳监测等，助力生活、生产、环境低碳化；另一方面，数字化基础设施建设本身也受绿色化约束，例如要减少城市内物联网、云等设备、工具、平台的重复建设，促进设施之间连接互通和城市范围内共享使用，积极探索通过AI等技术实现数据中心、5G基站等城市信息基础设施自身的低碳化。

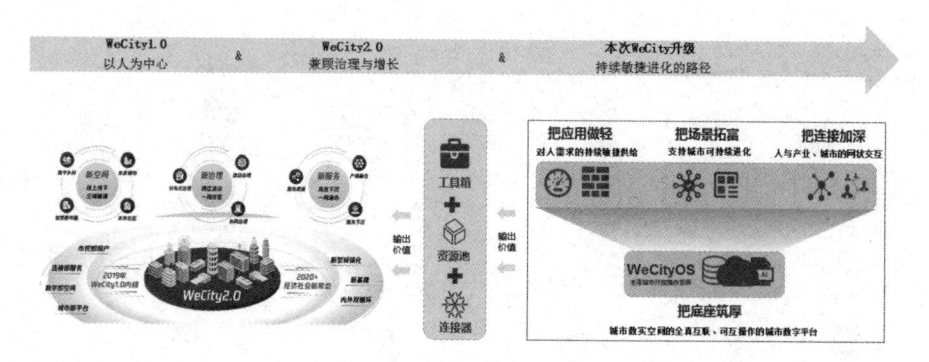

WeCity 升级内容概览

作为WeCity未来城市的核心价值观，WeCity 1.0所提出的"市民即用户""连接即服务""数字即空间"与"城市即平台"奠定了城市数字化转型的底层思维框架，WeCity 2.0"新空间""新治理"与"新服务"则体现了技术演进趋势、城市进化规律与制度变革逻辑三者共同作用下的城市数字化转型核心任务。

在城市数字化转型新要求的驱动下，作为进化升级方向，WeCity未来城市鼓励城市多元主体共同把底座筑厚、把应用做轻、把场景拓富、把连接加深，从而为不同规模的城市升级提供数字化的工具箱、资源池和连接器，增强城市应对不确定性事件的治理韧性，并支持构建全社会参与的治理体系。

共建厚底座：集约构造数字中枢

厚底座即未来城市开放操作系统（WeCityOS），是城市数字化体系的核心中枢，连接和管理城市范围内软硬件数字资源，并为负责城市数字化建设和运营的各类用户提供一体化、便捷化的数字操作环境。

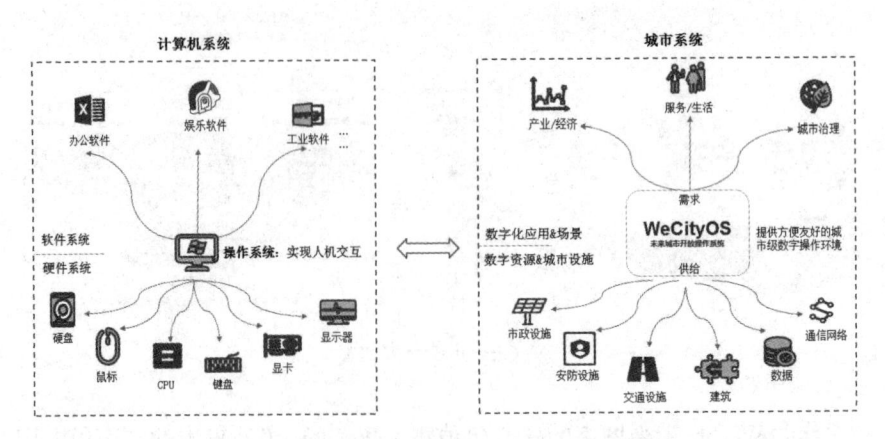

未来城市开放操作系统（WeCityOS）的定位

与计算机系统中的操作系统定位类似，WeCityOS对下统一组织和连接城市范围内通信网络、数据、建筑部件、交通设施、安防设施、市政设施等要素，对上动态支撑城市产业、服务、治理领域各类数字化应用场景的构建和运行，其目标是最大限度地减少不同部门在数字基础设施方面的重复投资，提高城市内数字资源的利用率和城市间数字平台的互联互通性，在最大程度上支持数字化应用构建主体，使其只需要聚焦于对城市多样化需求的快速响应。

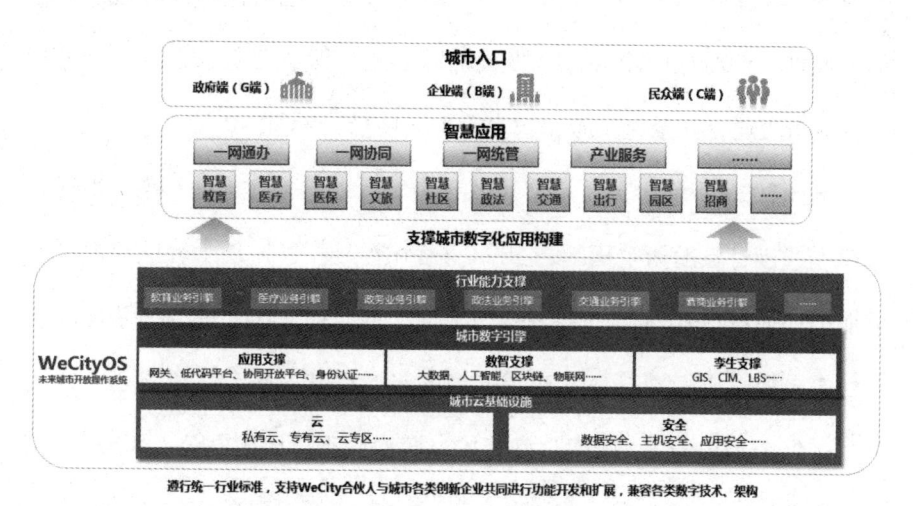

未来城市开放操作系统（WeCityOS）的架构

WeCityOS包含城市云基础设施、城市数字引擎、行业能力支撑三个层次的能力，其中：城市云基础设施负责提供城市级全局计算、连接、安全等能力；城市数字引擎在城市云基础之上提供大量的城市级应用构建、数据处理和数字孪生等支撑工具；行业能力支撑在城市云、城市数字引擎基础上，提供一系列可复用的行业或领域数字化功能模块资源，以微服务方式支持高效快捷的数字化应用开发。

共创轻应用：轻松嵌入城市场景

在WeCityOS的"搭积木式"微搭技术支持下，面对城市突发事件治理、基层社区治理等需求，可以实现云原生应用的个性化快捷搭建和迭代，支持众包化的城市数字化创新，使企业、政府、个人、科研院所、高校等生态主体均可根据自身能力优势进行开发创新，并针对城市运行的突发性、即时性需求高效开发出简单易用、即插即用的轻应用，轻松嵌入城市交通、安全、文旅、教育等不同场景。

例如2020年春节疫情防控升级的约50天里，超过100个政务小程序火速上线，有效助力全国超过300个城市战"疫"，体现了轻应用的快响应能力；上海市2021年上线"一网统管"轻应用赋能中心，为基层政府工作人员提供了敏捷开发、成果共享的轻应用开发平台，目前已上线运行超过200款轻应用，包括防疫管控、营商管理、协同办公、联勤联动、民生服务等，通过政府、企业联合创新，为城市治理数字化"最后一公里"提供了多样的答题思路。

共拓富场景：敏捷支持城市进化

随着线上与线下、真实与虚拟之间的映射、互动、切换更加顺滑，数字空间呈现出自主进化能力与"生物性"，将进一步深度改变城市实体空间和社会空间的组织方式。新技术应用场景正在不断拓展和丰富，城市产业、服务、治理方面将会出现更多样化的数据驱动型跨系统应用和超级应用,以解决城市复杂的系统问题。

例如在疫情期间人们出行受限的情况下,网络社群即成为日常生活采购和邻里互助的重要载体,也支持实现了捐助物资的跨区域调运和分配,这种社会自发的数实混合、去中心化的新型分布式协作治理场景,有望与以政府为主推动的传统中心化的治理场景相结合,成为新的社会治理模式。

无独有偶,2021年7月的郑州特大暴雨救援中,2天之内,由市民自发编辑的"待救援人员信息"共享文档更新超过450个版本,浏览量超过250万次,与此联动,"抗汛互助信息共享服务"小程序、互助地图等迅速上线并迭代完善,支持了从C端到B、G端数实混合救援场景的敏捷协作创新。

共筑深连接:从触达到相互依存

"深连接"的本质是基于数据共享与用户画像的精准化、定制化的数字服务供给通道。通过发挥C端服务和触达能力,以丰富的交互入口、交互方式和终端应用去联动B端、G端,高效对接需求与服务;同时,支持市民、家庭、社区、企业、园区、街道、城市、都市圈的网状交互式连接,通过自上而下与自下而上的连接方式相结合,促进政府开放、企业创新和市民参与,实现"人—产—城"联动发展模式,重申"以人为中心"的城市发展理念。

例如,新冠肺炎疫情下,线上会议、远程课堂等远程连接方式打破了物理区隔，有效助力了复工、复产；通过企业微信政务版与个人微信连接互通，帮助基层政府开展对返乡人员的"网格化管理"，实现对返乡人员的最大覆盖；马连洼街道的兰园社区、梅园社区等WeCity未来社区，通过基于微信小程序的居民信息分享、互动交流、意见反馈等应用，搭建了街道、社区、居民之间高效沟通和共治共享的桥梁。

在郑州特大暴雨救援中，政府内部应急部门上下级和同级之间"内—内"连接，政府内部和社会救援力量及受困群众之间"内—外"连接，社会救援力量、受困群众之间"外—外"互助连接，三个连接叠加，为全社会共同参与救援搭建了桥梁，也为城市构建多主体协同的韧性治理模式积累了经验。在城市发展的不确定性与基础设施的数字韧性要求不断提升，城市数字治理规则构建的内生化动力与城市风险应对的自愈能力仍需增强的当下，"厚底座""轻应用""富场景"与"深连接"，进一步夯实了WeCity未来城市面向不同对象、不同空间与不同领域的核心能力，即激活、降耗、弥合与创造。"激活"主要指在城市治理与服务领域，通过流程优化与体验重塑，提升和增强原有的城市运行管理效率与效应；"降耗"主要指通过大数据与人工智能技术降低城市社区、商业场所的运营成本，提升其运营效果与效益；"弥合"主要指通过数字技术与平台的连接能力与在线协作能力，对城市内部与城乡之间的数字鸿沟进行"削峰平谷"，提升数字时代的归属感；"创造"主要指通过对传统城市建设、运营与管理模式的数字化变革，以开源、协作、生态共赢的方式，打造多元共治的城市发展局面。

第二节　激活：数据驱动城市服务升级与治理变革

"一网通办"：一体化平台打造有温度的城市服务

从城市服务的数字化、网络化、智能化发展历程来看，"一网通办"不仅是数字政务服务发展的终极愿景，同时也是城市服务能力的里程碑式跃升。从"互联网+政务服务"发展初期所倡导的"数据多跑路、群众少跑腿"，到"一网通办"加速时期推出的"一件事一次办""秒批""一码通办"等模式，数据要素在政务服务模式、流程与体验创新过程中的价值正在不断彰显。《国务院关于在线政务服务的若干规定》对电子证照、电子印章、电子签名、电子材料等的法律效力做出了明确规定，基于政务数据共享开放的"告知承诺制""容缺受理""四免服务"[1]等逐渐成为"一网通办"的关键支点与创新亮点。

WeCity"一网通办"政务服务体系基于一体化融合引擎的数智中台进行数据融合，通过统一审批实现全城协作、同城通办与跨省通办，打造高效、通畅、透明、辅助决策的审批流程。通过灵活自适应的受理审批，适配不同的业务场景：窗口受理模式适配传统政务大厅服务窗口，"一件事"专窗受理模式实现主题业务的"一窗式、一表式"办理，综合窗口受理模式实现群众"进一个窗，办所有事"。

---

[1] 即"政府部门核发的办理材料原则上免提交、业务表单数据原则上免填写、可用电子印章的免用实物印章、可用电子签名的免用手写签名"。

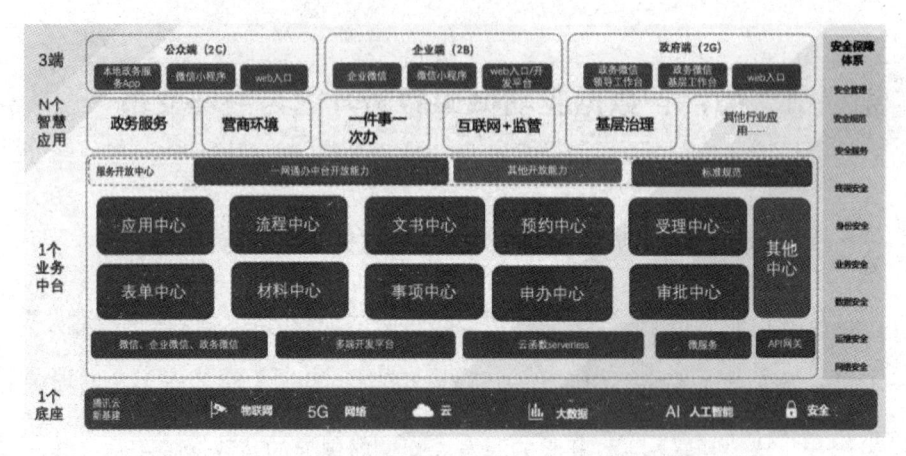

WeCity"一网通办"政务服务体系架构

"一网通办"通过统一的数据标准、应用接口与互联互通机制，实现与其他已有业务平台的对接整合，促进政府内部的业务协同和信息共享。面对业务的变化，按照业务事项办理流程，灵活组装、快速发布，实现受理条件、场景、流程、表单、上传材料、打印文书等全流程可配置，达到一端配置、多端同步生效的目标，实现业务多端无缝融合。通过"一网通办"的政务一体化开放平台，在无须程序开发的情况下，政府部门和生态合作伙伴即可通过鼠标拖拽操作快速搭建出自己需要的PC/移动端的政务服务产品雏形，只需15分钟完成全流程配置发布，迅捷地实现"一件事一次办"、群众"只进一门，只到一窗，只跑一次"等目标。

◦ "粤省事"与移动政务的初试锋芒

广东省数字政府建设即是通过WeCity"一网通办"政务服务体系实现数字政务服务能力跃升的重要样本。广东省以利用大数据技术打破数据壁垒为突破口，通过推进各地区、各级政府、政府各部门的数据联通，搭建起全省一体化的政务云平台，为各地区、各级政府及政府各部门进行业务协同提供了平台支撑，为公共服务的便利化、系统化、集约化打下了坚实的基础。依托全省统一的政务云、政务服务网站，广东省的数字政府能够实现跨地域、层级、业务的数据共享，也推出了一体化全流程的公共服务在线平台。"粤省事"民生政务服务平台主要从办事服务的便捷化方面实现了广东省数字公共服务的流程再造，基于WeCity"一网通办"政务服务体系在"减材料、减流程、减时间"方面的作用，"粤省事"民生政务服务平台的价值主要体现在以下方面：第一是缩短办事流

"粤省事"小程序

程，根据"少填、少报、少跑、快办"的服务原则，广东省不断减少公众办事所需填报的资料，简化公共服务的办事流程，为公众节省不必要的时间浪费；第二是开发便民应用，通过面部识别等技术，开发了"一证通行""多证合一""电子证照""一键缴纳""一键办理"等系统，极大地方便了公众的日常生活；第三是采取一站式办理的方式，实行平台统一、窗口统一、事项统一的服务程序，极大地压缩了流程时间。

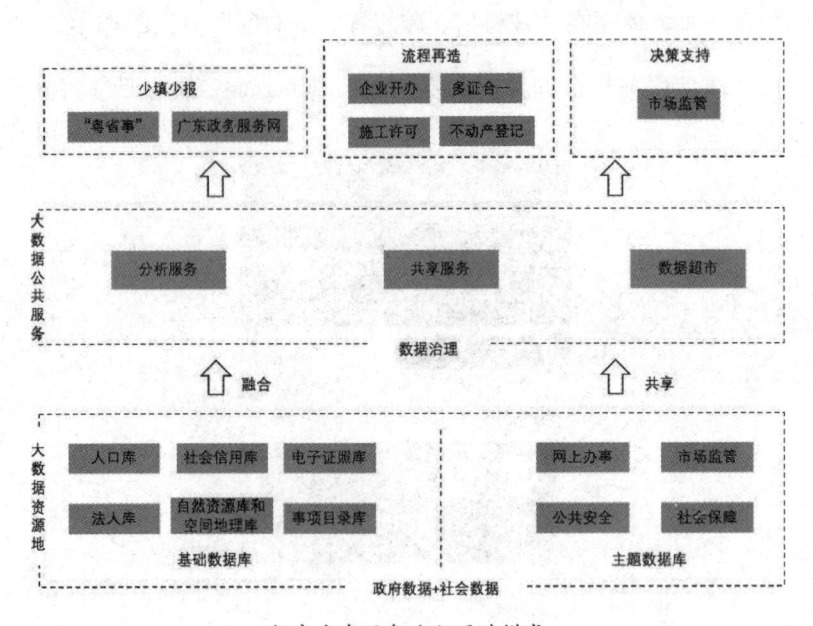

数字广东服务流程再造模式

● "我的长沙"与网红城市的数字脉动

从城市特征与发展需求来看，WeCity"一网通办"政务服务体系似乎更能激发出城市的发展潜力。"我的长沙"App作为长沙市的城市综合移动服务平台，是WeCity未来城市的首个标志性案例。基于WeCity"一网通办"政务服务体系在数据底座、智能应用、服务端口、标准规范、安全体系等方面的建设,"我的长沙"App成为长沙市民、企业、游客及旅居者在城市政务民生、党建、医疗、文旅等方面的"口袋办事助手";平台通过对城市数据的整合与共享,也为长沙的城市创新与城市治理能力的提高贡献了"移动的力量"。

从"我的长沙"App的具体实践路径来看,首先,在政务民生方面,通过建设长沙市"互联网+政务服务"一体化平台,实现以数据共享替代群众奔波的服务效应,极大地提升了政府服务能力、体验与口碑。在城市营商环境优化方面,以肉眼可见的速度使长沙在制造、文娱、移动互联网等领域成为投资兴业的热土。在市民的获得感和幸福感构建方面,通过"指尖办事"帮助更多市民改善了服务体验,并为市民参与城市治理提供了便捷入口。其次,在智慧党建方面,"微信+党建"成为长沙市实践"指尖党建"创新的重要模式。通过移动化、社交化与智能化的应用模式,党员可以在任何时间、任何场景安全地开展党建活动,党员们可以在线开展学习教育、接收组织生活通知及党务公开信息、交纳党费、变更个人信息、进行组织关系转接、掌握党员教育和党员积分管理动态等,实现了党员管理由"线下"到"线上",使"数字化党建""智能化党建"变得更贴心。2020年下半年正式运行的集党务、政务、服务于一体的长沙市"指尖党建服务大厅"已覆盖19510个党组织,覆盖率超92%,认证党员达33万余人。

此外,在医疗、文旅等城市公共服务方面,"我的长沙"App也进一步发挥出移动政务服务平台的"溢出效应"。比如在智慧医疗方面，依托移动平台打造了个人电子健康卡的"统一入口"，为市民提供更优质、更便捷的医疗服务，以往的不同医院检查结果不互认导致重复检查费时费钱的就医经历成为过去。此外，还通过建立智能诊疗平台，打通各级医院医疗资源，打造全面医疗网络。在政府侧，通过对医疗大数据的汇集、分析与应用，加强了政府对医疗行业的管理监督，优化医疗资源配置，打造健全的安全保障体系。目前，智慧医疗系统已接入全市119家医院，通过"码上挂号、码上缴费、码上看报告"，提升了市民的就医体验。在智慧文旅方面，通过打造一套文旅公共服务体系、一个文旅大数据中心，以及多个文旅主题应用，为市民与游客提供了覆盖"吃住行游娱购"全方位的综合性城市服务，从信息到服务、从线上到线下、从服务预约到服务交付，为市民和游客提供"游前、游中、游后"一站式服务。

2020年，长沙"城市超级大脑"初步建成，数据资源管理平台正式上线，"我的长沙"App 3.0版本及"我的长沙""嗨游长沙""健康长沙""集采长沙"系列小程序累计接入政务服务1625项，上线公共服务和社会服务235项，注册用户量已突破300万，覆盖率已经接近全市常住人口的40%。由此可见，通过新基建支撑与WeCity"一网通办"政务服务体系的助力，城市移动综合性服务平台的触达能力、服务能力与创新能力逐渐从政务服务延伸至公共服务领域，从低频的政务服务应用变身为一种数字时代的城市日常生活必需品。

○ "穗好办"与超大城市的数据履历

广州市的移动政务服务总门户"穗好办"App则是围绕"一网通办、全市通办"的政务服务新模式而建设的。自2020年3月上线以来,"穗好办"App用户数已突破500万,上线服务事项近1500项。基于WeCity"一网通办"政务服务体系,"穗好办"App在政务服务、公共服务、营商环境优化等方面为市民和企业提供了可谓"无微不至"的服务体验,用户不仅可以通过平台办理社保、医保、户政、劳动就业、公积金、医疗、不动产等政务服务,还可享受一图查找办事点、一键预约活动等公共服务;此外,还可以便捷获取城市营商政策、参与数字广州共建等。在一个常住人口突破1800万的超大型城市里,"穗好办"App正在成为市民生活、工作和企业运营必不可少的城市服务工具箱。

"穗好办"App上线一周年的总访问次数达17136864次,已上线服务事项近1500项,用户平均在线时长260秒;上线主题服务42个,其中个人主题服务16个,企业主题服务26个。住房保障、医疗卫生、户籍办理、交通出行等人生事,企业开办、司法公正、融资信贷、准营准办等企业事,用"穗好办"移动智慧政务管家均可一键办理。"穗好办"移动智慧政务管家全年办结业务量超400万宗,节省在穗市民办事时间约520万个小时;解决了3022128次社保卡查询需求;受理社保卡申领、挂失、补换卡服务243476宗;提供1557宗就业服务,助力广州市稳岗位、保就业、惠民生。此外,依托"穗好办"App帮助城乡居民办理医保业务及生育待遇申领共7522宗;帮助个人和企业解决人才市场档案需求共7338

宗；为783位长者提供了长寿金申领服务，为377位长者提供了老年人优待卡申领服务；帮助99个困难家庭和人员完成补助申请；完成了245532次计划生育奖励资格年审，帮助2336户家庭领取计划生育奖励；为广州灯光节、广州国际车展、"110"警察节、园博会等公共活动提供7657180次预约服务。在不断跳动的数据背后，是一个市民、企业与社会组织参与其中的智慧城市建设过程，是城市的包容性、市民的获得感和企业的创新力三者融合产生的聚变效应，对不同对象、不同场景、不同内容的城市服务数字化供给；其背后也是城市权利与数字福祉在数字时代的基本体现。

当然，在昼夜不间断的城市数字治理与服务数据的更新背后，是"一网通办"的数字技术、制度规范与创新改革的支撑。以"穗好办"App为牵引，"一网通办"赋能各个领域，在线上政务服务方面，广州市通过推动业务审批流程再造，使服务事项电子证照、数据共享核验、电子印章、电子签名、双向物流寄递、网上缴费、容缺受理、告知承诺等"应用尽用"，实现市级申请政务服务事项和公共服务事项90%以上"零跑动"，由此也使"一网通办、全城通办"实至名归。在政务服务的产品创新方面，2020年底"穗好办"App围绕个人高频服务和企业全生命周期服务的事项超过2000项，纳入政策兑现服务集中受理的事项达到100个，对于出生、失业等高频事项，群众只需准备一套材料、一张表单，提出一次申请，只去一个窗口，就能"一次办好"。在线下政务服务方面，广州市通过持续拓展"一网通办"在数字空间的服务能力，在全市范围内打造人工智能感知服务大厅，提供刷脸预约认证、场景引导、智能导办、评价跟踪等个性化服务，综合运用AI、电子证照等先进技术，探索实行"即来即办、即来即批"的"秒批"服务方式，使群众办事更便捷。

○ "深i您"与小程序的大能量

WeCity"一网通办"政务服务体系与移动服务平台结合，除了在日常的城市运行场景中发挥出超乎寻常的城市服务价值，获得前所未有的市民好感，在城市应急状态下也呈现出与众不同的创新能力与响应速度。比如在新冠肺炎疫情防控过程中，"小程序+政务服务"成为各个城市应对公共卫生事件的快速响应工具，以微信小程序为支撑的疫情申报信息登记、健康码和复工码申请及使用、疫苗接种预约等城市抗疫期间的应用成为智慧城市发展过程中的标志性事件。

2020年2月1日，深圳市政府联合腾讯公司打造了"深i您–自主申报"平台，并上线"深i您"健康码，鼓励市外返深、市外来深、自觉不适、高危接触、居家隔离等五类人群自主申报健康信息。通过在自主申报平台录入健康信息、领取专属健康码，市民在出入社区、办公口、交通卡口、机场火车站等多个场景时，无须在门岗处填写信息或办理临时出入证，只需通过自主申报微信小程序的"亮码"功能向核验人员展示二维码、居住地等基本信息；经授权的核验人员除了可以肉眼查验亮码内容外，还可以通过手机"扫码"功能进一步核验出入人员的申报信息。为方便民众"自证健康"及政府健康数据管理，健康码针对民众、数据采集员、数据管理员三大类人群，建立了统一的健康码业务规范和数据采集标准。深圳市用数字化图码代替纸质信息登记，减少了人员的直接接触及信息的重复填写，加强了深圳市住宅小区、城中村的疫情防控。同时，该解决方案还打通了不同渠道的信息数据，使民众无须反复填报信息即可出入多个场景，助力政府有关部门快速掌握民众身体状况，及时提供帮助。健康码作为一种在城市紧急状态下诞生的"数字原生创新应用"，以轻量化、极简化、迭代化的建设与应用特征，精准而高效地辅助和支持城市的疫情防控。虽然相比传统智慧城市项目或产品，健康码看似是一个"缺乏顶层设计""自主生长"的应急型城市服务产品，但从健康码在应用过程中的用户体验效果、疫情防控效率来看，统一的数据底座、统一的数据资源共享标准规范及统一的城市政务服务体系几乎是不可或缺的。对于一座被疫情冲击的城市而言，健康码只是城市数字防疫与服务体系的"井口"，整个城市持续创新的数字政务服务体系才是"蓝海"。

受新冠肺炎疫情影响，诸多中小微企业在复工复产过程中出现融资难、用工难、物资缺乏等问题，继推出"深i您"平台为广大市民提供多样化服务后，深圳市又推出了"深i企"平台，为企业提供一站式服务，精准助力企业有序复工复产。通过搭建连接企业与政府、企业与企业、企业与员工之间的沟通服务桥梁，实现企业诉求"一键提"，政府部门"速反馈"，扶持政策"一站汇"，精准服务"更匹配"。"深i企"平台上线的"企业诉求响应"模块可以在用工、金融、税务、科创、社保、出口、关税、商贸、通关、招商等方面提供诉求响应。企业在平台填报自身面临的问题、困难或者相关诉求信息后，对应的职能部门会建立一个专门的诉求处理机制，对收到的诉求第一时间进行研究并解答，形成"企业第一时间反映诉求，政府第一时间处理诉求、第一时间解决诉求"的闭环管理链条。通过微信小程序搭建的"深i企"平台不只是一个服务入口与互动界面，在这个平台上，城市政府还可以对各企业提交的诉求进行数据分析汇总，对于企业共性问题，尽快通过出台政策给予解决，对于个性问题，则按照"一企一策"的方式解决，帮助企业渡过难关。

从广东、长沙、广州、深圳等通过WeCity"一网通办"政务服务体系的能力实践可以看出，基于城市政务服务一体化平台的支撑，无论是App还是小程序，其核心都是从数据要素、连接价值与场景体验出发，为市民、企业及社会组织打造有温度的城市服务。

"一网统管"：城市数字体征重塑治理运行秩序

在数字技术的支撑和驱动下，城市治理正在走向三大方向。一是"边缘治理"。由于扁平化连接与互动沟通渠道的剧增，城市治理与决策模式也在改变，应对城市的风险与问题所需要的决策时间越来越短，决策资源越来越多，因此让现场和一线具有决策的自主行动力显得十分必要。二是"螺旋治理"。城市治理的数字化发展，其本质是数据要素与行政流程之间的互动，只有数据权力与行政权力两者之间实现有效的互促共进，技术与制度之间的互补效应与融合效应才会逐步体现在城市治理的创新过程中。三是"精益治理"。城市治理走向智慧化的关键在于如何将有限的治理资源通过数字技术进行效果放大，通过数据要素实现高效精准分配，只有治理资源与治理功效相得益彰，才能确保数字时代城市治理能力的升级。

○ WeCity"一网统管"四大核心能力

"一网统管"的核心在于如何通过数字技术、制度创新与组织流程重塑，提升城市治理的决策力与领导力。城市决策能力从数字化阶段的顶层设计驱动，到智能化阶段打破部门、条线障碍以实现单一场景治理的中部协同模式，最终将发展到智慧化阶段城市决策能力的深度下沉。WeCity未来城市架构下的城市决策能力跃升体现在从顶层到底层的"战略统一、战术自主、数据调优"的基层赋能过程，从单一的链式治理走向融合治理，在数据融合、业务贯通的基础上，通过各级城运中心的建设，助力实现"一网统管"。

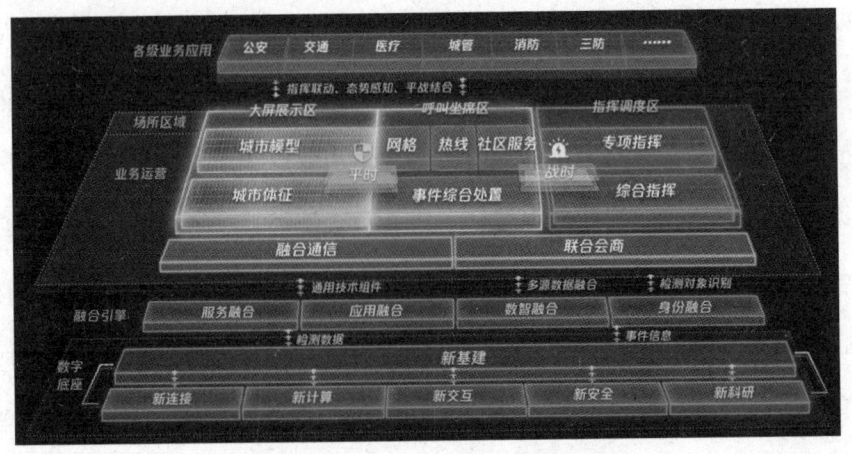

WeCity"一网统管"城市运行体系架构

WeCity"一网统管"城市运行体系主要围绕三大核心展开。一是"抓整体和标准"。通过协助政府有关部门制定系统联通标准、数据对接标准、事项考核评价标准等，支撑市、区、街道各级城运中心横、纵双向联动处置机制的建设，使市、区、街道各级城运中心掌握所辖区域城运的整体情况，实现一图总览，实时感知、实时发现、实时预测、实时处置。二是"抓大事和协调"。支撑市、区、街道各级城运中心对所辖区域的"大事"进行协调联动，对防汛防台、重大工程、督办任务进行挂图作战；重点关注协调超期、即将超期、差评、无人认领、跨部门协作等，支撑各部门多级联动协作、现场指挥调度。三是"抓分析决策"。通过大数据的实时监测，将城市运行管理过程中的焦点、难点进行分析提取，生成城市运行分析报告，按需呈报主要领导，并为决策依据提供下钻和溯源数据支撑。

WeCity"一网统管"城市运行体系包含四大核心能力，即"一图多景""城市体征""有呼必应"与"运行管理"。"一图多景"基于多种城市信息模型，接入实时动态信息和决策服务信息，构建城管、招商、产业、应急、生态环境等多个专题场景，对城市运行全局多维呈现，构成城市数字孪生空间，并结合"城市体征""有呼必应""运行管理"等形成全覆盖的城市运行管理中心，实现"一图揽全局、一屏观全城"。"城市体征"依托物联感知、互联网大数据等，基于腾讯独特的城市体征指标体系模型，对城市运行状态进行全方位监测与态势感知，进而进行全维度研判，让城市运行有数据、有结论、有对策，全面提升领导决策力。

通过10000+项指标对"城市体征"进行全量掌控，打造"城市听诊器"，提升城市运行的能见度与分辨率。"有呼必应"依托云计算、大数据、人工智能等核心能力，基于统一的城市事件目录清单，对城市事件进行智能识别、智能研判、智能匹配、智能分派，实现事件分发处置的闭环管理，形成城市治理事件图谱，实现村居、街镇、区级和市级四级联动的快速响应机制。"运行管理"是指打造一种城市应急"全灾种"的处置流程与模式，通过全量的城市应急预案库，实现实时触发、自动匹配、联动指挥、挂图作战的工程化城市治理能力。通过打通城市事件处置流程与模式，做到事发快速联动，打造跨网跨空间的协调会商能力，融合业务部门指挥中心，形成呈现集中、指挥统一、多部门联合调度的快速应对联动指挥体系。WeCity"一网统管"的四大核心能力，其本质是在数字时代通过摄像头、传感器、物联网、城市管理中枢、决策指挥体系等，打造城市的听觉、嗅觉、视觉与感觉，真正建立一个具有数字神经系统的城市数字生命体。而在这个城市数字生命体的背后，对城市的感官系统进行数字化延伸的起点则是"城市体征"数据的设计、赋值、采集与计算。

● "数字生命体"与城市体征评价框架

2021年1月，国家信息中心联合腾讯云启动了现代化城市体征评价研究，并发布了现代化城市体征评价框架。现代化城市体征评价框架通过整合多维度、多领域数据资源，实现城市经济社会运行发展全过程的科学化、数字化、智能化、精准化呈现，支撑动态监测、评价评测、决策分析等城市管理流程。基于评价框架，腾讯云推出了覆盖10000+监测指标的城市体征监测平台。围绕基础设施、经济发展、文化建设、民生服务、治理能力和生态环境6个维度29个领域，构建特征指标集，对城市运行进行全景式扫描，监测城市运行状况并绘制现代化城市发展全息态势图。其中，基础设施维度整合城市相关数据资源，从通信网络基础设施、新技术基础设施、算力基础设施、融合基础设施等领域综合反映城市信息化设施完备度及其对数字经济的支撑水平；经济发展维度通过人力资本、宏观经济、创业创新、数字经济、市场监管、金融服务、招商引资与对外经贸等领域综合反映城市经济发展的创新活力、营商环境、数字化转型程度、对外开放水平等；文化建设维度围绕文化生产、文化生活、文化生态等领域综合评估城市文化供给需求现状、城市文旅产业发展情况；民生服务维度选择与城市居民生活密切相关的交通、教育、医疗、就业与收入、社保、政府服务、乡村振兴等领域进行测评，真实反映城市民生服务供给能力；治理能力维度从依法治市、城市建设管理、社区治理、数据资源和公共安全等领域综合评价城市现代化治理水平；生态环境维度从环境质量、节能减排和智慧环保等领域综合评测城市生态环境及绿色宜居水平。

现代化城市体征评价框架的建立，10000+评价指标所要反馈、呈现与展示的是一座城市的数字表情与数据脉象。采集与分析城市各项空间数据资源、运行数据细节，将助力城市的科学化规划、智慧化建设、包容性治理与服务。现代化城市体征评价体系不仅是现代化城市运行状态的"体检表"、城市洞察风险的"预警器",更是城市发展水平的"度量衡"、城市科学发展的"晴雨表"、城市民生服务的"指南针"、城市精准治理的"路线图"。

○ "穗智管"与城市治理"百景"

基于现代化城市体征指标开发的城市体征监测平台,是WeCity"一网统管"平台的基础性能力,是实现城市治理"眼中有图、决策有谱、管理有术"的原点。广州市"穗智管"城市运行管理中枢即采用了城市体征评价框架,并作为新型智慧城市治理的重要组成部分进行建设,形成了广州的城市本地特色评价指标,为政府决策层和管理部门高效治理城市提供了数据支撑。

广州"穗智管"平台基于海量城市运行大数据和超规模的云计算能力,推动AI智能分析应用中心建设,应用机器学习算法、人脸识别、位置定位、5G等技术,实现场景引导、智能导办、事件综合图谱分析等"穗智管"平台功能。在应用场景方面,针对城市治理的"堵点""难点""盲点","穗智管"平台在2020年底完成了60个应用场景梳理,实现10个以上跨部门协同应用场景创新,全面开展智能化、精细化、可视化治理,构建"百景"治理新图景。应急管理系统作为"穗智管"的重点建设内容之一,围绕"测、报、防、抗、救、查、建、服"8个主要业务链条,聚焦应急管理信息化融合指挥、应急通信、短临预警、全域感知、数据智能5大主攻方向建设,充分利用移动互联网、大数据、物联网、人工智能、时空地理信息系统等新兴信息技术,融合气象、海洋、水务、地质、林业、交通、公安、住建等专业部门的基础数据及实时监测数据，建成监测预警、应急值守、应急处置、自然灾害、安全生产等10大业务板块。除此之外，还接入了包括人流热力数据、实时拥堵路段、舆情监控等互联网数据，实现全市安全态势、风险隐患、应急资源、突发事件全掌握。目前地图上已叠加57个图层，40多万个信息点位和实时监控数据，接入18万路视频监控、145架无人机、多台应急指挥车等多种通信服务。通过对整个城市动态及静态目标的信息点与数据点的覆盖，广州市以城市体征系统为基础，以"穗智管"平台为抓手，初步建立了城市"一网统管"的雏形。

松江"一网统管"与数字治理能力下沉

当然，城市只是WeCity"一网统管"平台落地的场景之一，当下沉到城区层级时，也将呈现出城市治理更大的数字化张力。以上海市松江区为例。松江区城运平台打造了包括城运泛感知系统、城运技术中台系统、城运业务中台系统与城运应用系统在内的四大模块。其中，城运泛感知系统包括视频感知终端、IoT（物联网）感知终端、移动终端、智能单兵等不同的类型，通过融合纳管前期在智慧水务、农业、环境、住房监控、工地等领域的建设成果，汇集了一大批在线的泛感知终端，同时与公安、政法委、属地运营商等部门联动，利用在安防社区、综合治理、交通等领域布局的大量视频前端设备，构建起了一套完整的城运泛感知终端体系。

城运技术中台系统主要包括数据中台、AI中台、视频中台、物联网中台及公共技术平台等。数据中台除了从泛感知系统获取数据之外，还通过从大数据局、横向局委办获取静态统计数据、应用系统在线数据及第三方社会数据等来补充城运业务数据给养体系，建设态势感知专题库，以及城市体征、应急安全、民生服务、产业经济等不同方向的主题库，构建完整的业务数据中台。结合体征监测、态势感知等复杂业务场景所需要的海量多源异构数据建模，深度分析挖掘所需要的机器学习、文本分析，以及预测预警、指挥调度等业务场景中所需的人脸识别、车辆识别、视频结构化、视频事件分析等，建设城运AI中台。物联网中台主要对全区泛感知设备实现统一的设备接入纳管、物联数据分析处理、安全管理，建设城运物联中台。视频中台主要对全区视频资源进行接入、分发、撒点上图，建设城运视频中台。

  城运业务中台系统主要包括网格化管理平台、城市体征指标平台、综合指挥平台、城市运行综合管理平台、综合门户等；其中网格化管理平台、城市体征指标平台、综合指挥平台是三大核心业务平台。网格化管理平台主要依照业务组织架构来执行"处置一件事"，包括案件的上报、派发和流转，对案件实施催办、督办、评价、抽查等，实现对多途径和多来源民生诉求的流转管理和综合分析，完善案件信息采集、业务流转、过程监管、查询统计、案件定位分布等基础功能。城市体征指标平台则通过系统分析国内外各先行城市体征指标建设，构建"五位一体"覆盖全行业"百个主题、千个指标、万个分析维度"的城市体征指标库，实现对城市运行的全方位监测、全维度研判。综合指挥平台基于城市数据资源的汇聚和统一的事件目录清单，全渠道接入12345热线事件、网上举报事件、舆情事件、城市体征事件、城市部件和事件，通过大数据、AI及人工智能等核心能力，对事件真伪、事件关系等进行识别，绘制城市治理事件图谱，并通过智慧调度引擎，对一般事件、联勤联办事件、紧急或重大事件进行分级处置。在突发事件或专项调度场景下，实现视频信号、应急预案等相关数据在多部门间的即时推送和调阅，实现跨部门在统一指挥调度下的实时感知，确保指令下得去、情报上得来，形成信息数据闭环。平台通过协同指挥调度系统承上启下、内外融通，构建市、区、街道、社区等网络一体化联动，包括"指挥一张图"、协同调度、挂图作战、应急预案等核心模块。

城运应用系统是实现"应用为要、管用为王"理念的重要抓手，围绕城市发展需求各有差异。比如松江区结合"创全国文明城市"工作的需要，重点推进以城市建设管理为核心，对城市管理涉及的垃圾分类、环境卫生、市容景观、执法等进行监测，对垃圾乱堆放、违建等多类场景开展视频智能分析，并丰富智慧交通、智慧水务等场景应用；再比如，以应急管理为核心，则需融合气象、人口、危险源和历年突发事件相关数据，通过大数据和AI技术，为重大事件监测预警和应急资源配置提供精准支持，主要包括消防、防汛防涝全过程预警监管处置及重大事件物资调度等内容。

从松江区"一网统管"平台的建设实践可以看出，城市数字治理的有效推进，其关键是建立从末端的城市感知、中端的数据汇聚与分析到首端的业务应用及场景创新的闭环，背后是 AI 技术、微信小程序等作为基础设施的支撑。要做到对城市的精细化管理，"一网统管"平台应不只服务于本级机构或部门，还需结合街道、社区甚至楼栋的运行状况，针对具体场景进行需求定制，以应对城市运行中的不确定性。例如有的街道楼宇经济发达，就需要提供企业画像及布局分析方面的应用，帮助街道做好疫情期间的企业服务；有的街道流动人口众多，就需要提供包括流动人员管理、人员行为分析、"一标三实"[①]管理、图像档案、多维度检索及统计分析等功能在内的应用系统。"一网统管"平台在顶层进行技术、数据、流程等方面的标准规范建设，打造典型应用，并将应用建设的决定权下放到网格、村居等城市治理"前线"，吸引更多的社会资源、研发机构等参与到应用生态建设的过程中来，形成百花齐放的应用开发格局，这也是 WeCity 未来城市价值观之一"城市即平台"的题中之义。

第三节　降耗：数据支撑运营创新实现降本增效

未来社区：从治理到服务的数字化能力升级

目前，智慧社区正在朝向人本化、数字化、生态化的方向快速发展，疫情刺激下的社区治理与服务需求，以及城市化进程中的社区发展需求，使基于数字技术、平台与应用的共建共治共享诉求逐渐由愿景转化为具

---

① "一标三实"即标准地址、实有人口、实有房屋和实有单位。

体行动。当前智慧社区发展的核心领域包括四个方面，即社区综治、政务服务、商业应用与物业服务。就WeCity未来社区而言，社区综治主要包括小区事务预警、特殊人员预警、人员行动轨迹预警、纠纷觉察、房屋预警等社区网络化智能预警系统，全方位守护社区安全。政务服务主要包括通过共建共治平台助力网格管理高效化、通过社区综治平台实现大数据可视化、通过政务服务平台提升公共服务智能化、通过区块链技术实现社区资金管理透明化，不断提高人民满意度。商业应用主要指通过集门禁卡、业主卡、便民服务、开门红包、优惠卡券等功能于一体的社区居民金融服务小程序，打通线上线下，构建社区商业新生态。物业服务主要指基于微信的消息推送，结合物业服务需求，将物业通知、催缴通知及时精准地送达业主，完善快捷报修、快递代收、访客预约、投诉建议、巡更巡检等基础功能，满足社区多场景需求。

WeCity未来社区以向民众、商户、物业等提供优质服务为前提，将政府部门的治理工作有机融合到服务之中，让传统治理工作中的割裂感、不适感逐渐消除，让治理工作更具柔性，同时大大提升各项治理工作的效率和准确率。通过构建政府部门与业主居民的双向连接通道，在为居民提供便捷服务的同时，收集一线真实诉求，解决城市治理中群众办事反复跑腿、城市治理实际诉求无法高效传达等问题。另外，通过物业、生活服务等日常服务沉淀的数据协助更新城市的"四标四实"[①]，让数据更

---

① "四标四实"指标准作业图、标准建筑物编码、标准地址库、标准基础网格，实有人口、实有房屋、实有单位、实有设施。

加准确鲜活；基于AI技术对社区门禁、视频监控数据进行有效利用，以大大提升综治领域的效能，提高社区的平安指数；通过与网格化系统的融合打通，结合居民业主需求，融合民政板块在志愿者管理、社会组织等方面的服务能力，真正将服务渗透到居民生活中，高效触达，深度参与。这不仅大大提升了群众参与的积极性，而且在降低财政负担的同时，还实现了基层动员能力的大幅提升。

随着5G、人工智能、区块链等新兴数字技术的发展，新基建和新城建将会共同引领城市的转型，智慧社区的建设也迎来了新的机遇，WeCity未来社区推出"一体两翼"的产品理念即是对当前智慧社区建设与发展的回应。"一体两翼"之"一体"即在平台支撑层构建统一的社区底座，输出基础能力，为生态赋能；"两翼"则是在统一的社区底座的基础上，支撑社区基层治理和社区服务体系两大板块，寓管理于服务，共建共治共享，构筑美好数字生活新图景。

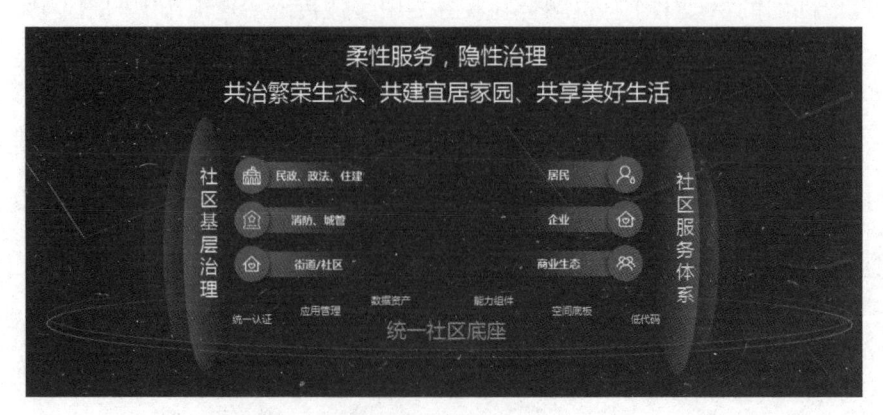

腾讯 WeCity 未来社区 "一体两翼" 产品理念

面对庞大又复杂的社区场景、多元的群体诉求，WeCity未来社区提炼了一套柔性、可扩展的"1+3+N"社区数字化空间的产品架构，旨在通过构建统一的社区底座，在政府治理、居民服务、运营增值三大业务领域，打造面向G、C、B三端的政府治理平台、社区服务平台与运营管理平台。"N"即代表最上层的共建场景。未来社区将联合腾讯及其生态伙伴，覆盖政务、政法、教育、医疗、金融、地产等场景，以点成面，形成"治理+服务"的全应用场景覆盖，实现繁荣共生的有活力、可持续的社区大生态体系。

腾讯WeCity未来社区"1+3+N"产品架构

通过提供统一认证、能力组件、应用管理、空间底板、数据资产与WeDa低代码六大社区底座能力，赋能各生态力量，最终实现与产业生态的共生共赢。WeCity未来社区以城市精细化治理与服务为核心理念，依托腾讯核心优势，通过社区平台开放赋能，与生态伙伴共生共赢，为政府、居民、企业等提供全方位的解决方案，打造安全、便捷、智慧的社区数字化空间。

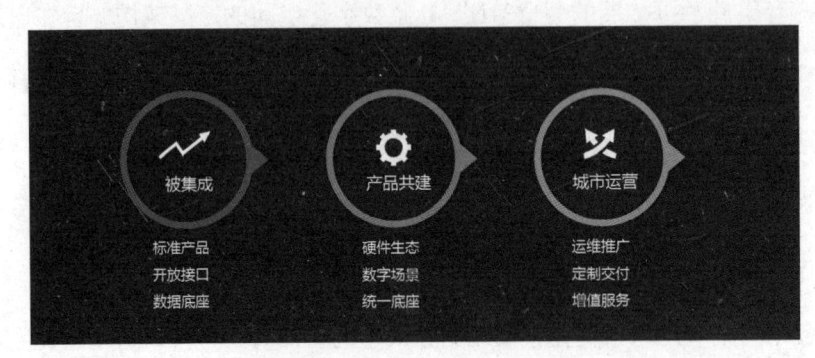

腾讯WeCity未来社区产业生态

目前，WeCity未来社区围绕构建社区的完整生态链条，一方面支持项目的集成与被集成，在软硬件的应用场景中通过社区底座能力支持应用快速上架与二次开发，丰富社区应用场景；另一方面结合城市运营方力量，支持项目的本地化交付与运维，共同打磨出G2C服务、增值运营等长效运营机制，保障未来社区的可持续发展。WeCity未来社区目前已在北京、浙江、上海、山西、陕西等多个省市落地，为解决城市基层治理的困局、提升社区服务触达能力与供给质量、增强社区"人、事、物"的全方位数字化管理能力，从底座、标准、场景、生态等层面提供智慧社区运营创新路径。

- 马连洼街道的"多元共治"模式

为解决街道社区层级的信息化管理水平低、信息化建设整合联动少、宣传效果不佳、自治参与程度不高等基层治理问题，WeCity未来社区基于马连洼街道的实际诉求,打造了未来社区"多元共治版",涵盖社区管理、宣传通知、基层自治、公共服务四大功能模块。其中,社区管理模块包括居民管理、小区管理、访客管理等功能,通过小程序自主上报,后台统一管理审批,省去传统单向收集数据、纸质登记的烦琐操作,方便社区人员多维度收集并及时更新居民信息,提高管理效率。宣传通知模块包括群发通知、办事指南、法制资讯等功能,社区人员可借助微信公众号和小程序将信息及宣传精准触达指定标签人群,通过后台及时查看效果数据,无须在即时通信工具中逐个通知和统计,实现社区宣传工作便捷、高效、可量化。基层自治模块包括投诉建议、社区投票、社区议事等功能,居民借助"微心愿",可直接反馈社区建设相关意见,无须通过市长热线继而从上而下层层指派,降低了居民参与自治的门槛,提高了社区收集、反馈、解决问题的效率,实现"小事不出社区,大事不出街道"。公共服务模块包括社区活动、便民服务、社区亮相台、智能客服等功能,通过活动通知及亮相台,居民可第一时间获悉社区活动的相关信息,获取楼栋长、网格员、社区工作者的联系方式,同时,居民还可通过智能客服,获悉一些社区常见问题的详细解答,减轻社区工作者反复回答重复性问题的工作量,提高社区服务质量。

马连洼未来社区基层自治板块

　　以"多元共治"为核心的WeCity未来社区在马连洼街道的兰园社区、梅园社区等落地，助力了街道社区信息化管理水平升级，提高了社区工作效率与公共服务质量。灵活的SaaS化社区服务平台与工具的部署，为应对基层治理突发性风险提供了弹性的解决方案。此外，基于微信小程序的居民信息分享、互动交流、意见反馈等应用，搭建了街道、社区、居民之间高效沟通的桥梁，为打开社区多元共治新格局奠定了基础。

● 湖州吴兴区的"嵌入式"社区服务

　　浙江省湖州市吴兴区则是WeCity未来社区在"社区服务"方面的标志性样本。围绕吴兴区在未来社区方面面临的问题及其建设诉求，WeCity未来社区创新性地推出了"1+1+2+双11"建设思路，即1个中心、1个中台、2个平台，共覆盖11+11个应用场景。

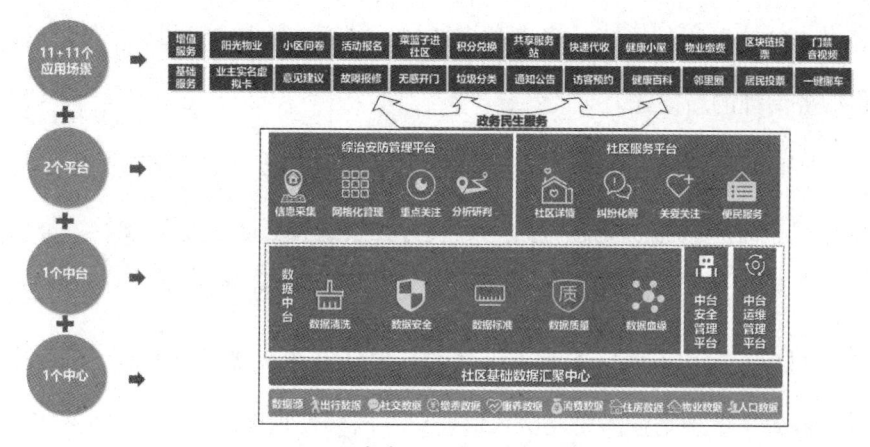

05 | WeCity 未来城市的能力与场景

吴兴区未来社区方案架构设计

"1个中心"指的是社区基础数据汇聚中心，通过部署各类社区感知设备，把社区内的人员出行、社交、缴费、康养、消费、住房、物业、人口数据进行汇总，通过数据中台对重点数据进行提炼和整合，将数据应用到社区服务平台的社区详情、居民纠纷化解、关爱关注、便民服务功能中，以及综治安防管理平台的信息采集、网格化管理、重点关注、分析研判功能中，实现对社区的全面感知，以及多方的有效融合和联动。

"1个中台"即数据中台，通过互联网、物联网、5G、有线及无线网络构织成大中台，融合不同的数据，一次处理、多次利用，依托大数据、云计算、AI等先进技术，对数据进行优化和深度挖掘分析，实现数据的价值最大化，支持平台应用和民生服务。

"2个平台"即综治安防管理平台和社区服务平台。利用社区数据，响应社区安防治理和服务管理需求，帮助社区民警、社区街道办通过平台实现立体化的管理，充分掌握社区的方方面面。通过人工智能算法，

161

将过去的社区治理模式从多走动多拜访，转变成以数据为驱动，定向提供服务治理的新模式。

"11+11"个应用场景主要覆盖11项基础服务：业主实名虚拟卡、意见建议、故障报修、无感开门、垃圾分类、通知公告、访客预约、健康百科、邻里圈、居民投票、一键挪车；以及11项增值服务：阳光物业、小区问卷、活动报名、菜篮子进社区、积分兑换、共享服务站、快递代收、健康小屋、物业缴费、区块链投票、门禁音视频。"双11"服务，一方面让居民生活更加快捷便利，另一方面通过信息化手段，有效提升了社区的数字化服务水平。

吴兴区社区服务应用矩阵

目前，吴兴区腾讯云未来社区服务已累计在279个小区开通，在未启动运营推广的前提下，依靠在社区门禁铺设，2个月内自然注册认证使用的用户近8000人，累计用户近2万人，正在铺设推广的智能门禁累计通行次数超43万次。WeCity未来社区在吴兴区智慧社区建设上实现了两大创新：一是通过吴兴区智慧社区小程序有效整合了社区便民生活服务、腾讯系特色服务及吴兴区定制服务，构建了维度丰富、内容多样的服务应用矩阵，为社区居民提供了更为多元、便捷的一站式社区服务；二是首次实现了基于微信小程序的社区服务在第三方政务服务类App"浙里办"中的集成，有效地拓展了应用触达用户的入口，以"嵌入式"产品形态与服务模式体现了腾讯云应用在共生和连接上的强劲能力。

未来园区：新基建支撑产城融合运营新范式

"产城融合"源于就业和居住的融合，发轫于智慧城市建设和数字经济发展的相互交融，其主旨是以城市为基础，科学承载产业空间和发展产业经济；以产业为牵引，高效驱动城市空间升级和机能完善，最终达到"以产促城、以城兴产"的目标。"产城融合"的原点与愿景依然是"人"，只有人的流动才能带来"城"的烟火气，只有人才的涌入才能塑造"产"的可能性。WeCity未来城市的产城能力跃升主要围绕园区和生态两个维度展开：前者是城域产业演进升级的重要空间聚集形式，是产城能力成长的容器；而后者则是平台化建设模式下，产城融合的战略性支撑。园区需要依靠生态实现产业升级和创新发展，生态需要园区进行孵化培育和产业落地，两者相辅相成，共同促进产城能力跃升。

针对近年来国家和各地依托产业园区大力推动产城融合过程中出现的"有产无城""有城无产""产城分离"等问题，结合我国城市建设和产业发展新趋势，WeCity未来园区一体化解决方案有机融合了产业发展、未来城市演进和新型城镇化空间格局构建，提出"新园区—新产业—新城镇"的全新发展范式，通过做强新技术支持园区管理和服务，通过做深运营培育支持区域产业转型和创新发展，通过做大新基建带动城乡融合发展和新型城镇建设，乃至衍生出功能完善的产业新城。

"新园区"指基于腾讯丰富的信息化产品和对园区治理的深度理解，打造物理空间管理、信息系统辐射、智慧化运营三位一体的园区数字化管理运营解决方案。基于统一体系框架、统一标准规范完成对物理空间的数字化管理，利用信息化手段和统一运维，实现数据"上得来、看得见、能整合、管得住"。通过数字化孪生集中纳管园区中的全量部件和事件，建设园区运营管理中心，全盘实时掌握园区运行体征，推动园区"观管融合""管服并举"，实现真正的一体化管理运营。

"新产业"指依托腾讯自身强大的技术市场能力和产业孵化体系，营造园区内一流的营商发展环境和产业文化环境，加速人流、物流、资金流、信息流集聚，促进生产要素高效流转和节约集约使用。打造"引导轮+加速轮"的双轮产业驱动模式，通过举办科创大赛、双创大赛、主题峰会等活动，以及引入"千帆计划""双百计划"和"腾讯产业加速器"等知名IP，为园区引入优质企业和创业团队。通过产业数字化赋能体系、投资体系、服务体系、孵化体系、培训体系、外脑咨询体系的加持，帮助园区企业对内提升全要素生产率，推动生产管理流程再造和转型升级；对外摒弃传统大平台工程建设的"重"创新模式，采用资源集约型开发、小范围试点、灵活试错迭代、快速复制推广的"轻"创新模式，推动产业创新实践的轻量化和敏捷化，并与未来城市的整体产业体系打通融合，助力产业的高质量发展，构建未来城市新的"产业增长极"。

"新城镇"指在未来园区的建设和产业发展带动作用下，推动生产人口的集聚和园区周边城镇化水平的不断提升，实现城市从产业结构到就业结构再到消费结构的连锁推动效应，园区中心化趋势不断增强，最终改变城市配套服务设施部署和公共资源配置格局。产业发展牵引未来城市的新基建能力不断输出，为园区和周边地区提供弹性、跨网、智能的数字底座和一体化融合引擎，抬升整个区域的数字化服务能力、协同能力、监管能力、决策能力、治理能力，推动园区和周边地区（城乡）融合发展，形成新型城镇或产业新城，成为优化未来城镇空间格局的重要组成部分。

以打造面向产城融合的可持续创新发展体系为目标，WeCity 2.0未来园区解决方案架构如下：

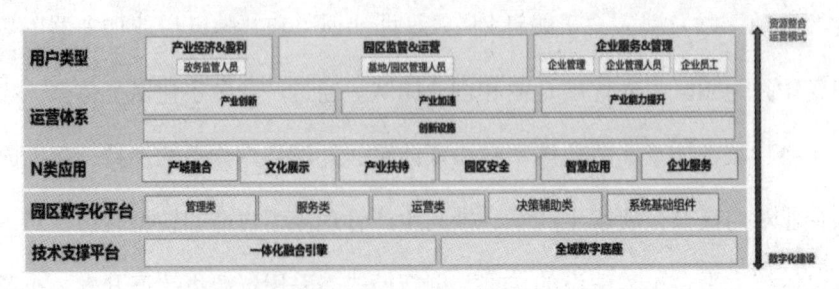

用户类型	产业经济&盈利 政务监管人员	园区监管&运营 基地/园区管理人员	企业服务&管理 企业管理 企业管理人员 企业员工
运营体系	产业创新	产业加速	产业能力提升
	创新设施		
N类应用	产城融合	文化展示	产业扶持	园区安全	智慧应用	企业服务
园区数字化平台	管理类	服务类	运营类	决策辅助类	系统基础组件
技术支撑平台	一体化融合引擎	全域数字底座

WeCity 2.0 未来园区解决方案架构

最上层是未来园区的产业运营框架，面向政府监管部门、园区运营方、企业三类用户，基于创新体验展示中心和产业培训实训中心两个创新实体设施，构建产业创新、产业加速和产业能力提升三大支撑体系。

中间是未来园区的应用管理框架，提供可扩展的N类应用，包括产城融合、文化展示、产业扶持、园区安全、智慧应用和企业服务等6个主要类别；园区数字化平台作为承接上层N类应用的管理平台，汇聚和分析运营相关的数据，辅助园区运营方把控园区运行状况、企业发展状况并打造园区氛围文化。

底层是未来园区的基础支撑框架，通过技术支撑平台实现园区不同业态、不同应用，异构系统间的资源共享和业务协同。平台通过企业服务总线向应用系统提供实用、合理、规范的应用服务，应用服务之间可以相互无缝调用，实现组件、服务的松耦合。

从国内诸多新城或园区推进产城融合的路径和举措来看，实现数字产业化与产业数字化相互促进、数字经济与数字治理联动发展，成为其面向城市数字化转型的优选项。而打造"产城一体的数创门户"不仅成为新兴园区吸引投资、人才、资源的"数字桥头堡",同时也成为内部孵化、原生创新、数字赋能的重要驱动器。WeCity未来园区打造的"产城一体的数创门户"主要以WeCity创新中心面向各大园区进行落地。

在运作模式上,WeCity创新中心重点服务中小企业,聚焦细分领域数字企业的成长和中小企业的数字化升级;从做好新基建入手,围绕腾讯优势技术领域建设开放式技术平台,提供普惠弹性的一站式研发和技术服务;强调做强连接器,对接丰富的政商民需求场景和技术生态,导入投资和品牌资源,加速创新企业成长;持续做大创新池,细分领域不断孵化新方案、新产品,基地网络间加速创新资源流动,响应数字世界快速迭代需求。

在功能平台上,结合地区特点建设数字产业创新平台,WeCity创新中心通过构建人工智能、区块链、物联网、信息安全、城市底座等开放型技术平台,聚焦本地数字企业的技术支撑,比如:在产业数字赋能方面,通过公有云及行业应用类服务、重点技术的产业工具箱,降低中小企业数字化门槛;在人才培训方面,以数字化人才培训及认证和企业培训,提升数字化意识和人才能力;在科创孵化培育方面,通过产业技术生态孵化整合创新方案,对接投资及渠道,共拓市场需求。此外,还通过技术大赛、产业加速器、峰会、论坛、展会等多类创新活动,提升功能平台服务效果和区域创新品牌力。

作为在全国率先落地和开园的腾讯云启产业基地,长沙基地在未来园区建设方面开启了独特的发展模式。作为区域落地载体,云启产业基地聚合腾讯在资本、资源、技术、能力、商机等方面的生态资源，联合产业生态合作伙伴，助力地方产业数字化升级。通过"湘智云"上云补贴，腾讯云启产业（长沙）基地已助力长沙市125家企业、6所高校、1家科研机构"上云"，成果辐射200多家企业。从长沙基地的能力与发展效应来看，首先，长沙基地成为推动长沙城市数字化转型的生态基盘与能力输出阵地。通过对腾讯产业生态合作伙伴的外部引入和内部扶持，逐渐构建出一个服务本地数字化转型的"腾讯产业生态部队"，由它们共同参与腾讯在长沙落地的如"城市超级大脑""嗨游长沙""湘就业"等重大项目，并逐渐衍生出生态伙伴之间的联动效应。其次，云启产业基地还成为带动产业创新与人才培育的城市数字化转型"主场"。腾讯及其产业生态伙伴的落地，一方面为长沙的数字化发展带入大量人才，另一方面通过数字化创新赛事、活动、平台、共建实验室等模式，带动本地专业人才成长，"双向驱动"为本地的产业数字化积蓄后劲。再次，长沙基地成为助力本地企业数字化转型的数字化工具"车间"。长沙基地通过与湘江新区政府共同设立"湘智云"补贴、打造基地数字化管理平台、开展数字化转型培训等一系列手段，结合本地运营合作伙伴深入一线服务，助力众多本地企业进行数字化转型升级。目前，腾讯云启产业基地已落户长沙、南京、沈阳、珠海等城市，成为各大城市推动数字化转型升级的加速器。

第四节 弥合：削弱阶层壁垒，缩短数字鸿沟

数字乡村：从精准扶贫到乡村振兴的能力转移

"精准扶贫"自2013年被首次提出，主要以"精确识别、精确帮扶、精确管理"为抓手，对扶贫对象、扶贫资金、扶贫方式、扶贫效果等进行清晰化、精细化、创新化、科学化的管理与评价，最终实现全面脱贫。当然，也离不开数字平台、大数据应用及智能化设备的支撑。"乡村振兴"于2017年在十九大报告中被首次提出，它不仅是巩固精准扶贫的工作成果与激活城乡融合发展潜力的重要举措，同时也是解决我国社会主要矛盾，全面建成小康社会与全面建设社会主义现代化强国的必然要求。2021年2月21日，《中共中央 国务院关于全面推进乡村振兴加快农业农村现代化的意见》发布，意见要求加强乡村公共服务、社会治理等数字化智能化建设。2021年6月1日，《中华人民共和国乡村振兴促进法》正式施行，该法明确指出：健全乡村便民服务体系，提升乡村公共服务数字化智能化水平，支持完善村级综合服务设施和综合信息平台，培育服务机构和服务类社会组织，完善服务运行机制，促进公共服务与自我服务有效衔接，增强生产生活服务功能。随着从中央部委到各省市及区县"乡村振兴局"的逐渐设立，数字乡村建设也进入到一个新的阶段。

"腾讯为村"：一个弥合乡村数字鸿沟的过程样本

从精准扶贫到乡村振兴，从解决贫困乡村的基本生存问题到创造性解决乡村的未来发展问题，从基础设施升级到公共服务供给，从乡村服务平台建设到基层治理机制设计，数字化始终是无法绕过的关键选择，而"腾讯为村"则完美见证和参与了从精准扶贫到乡村振兴的能力转移过程。"腾讯为村"最开始诞生于2009年腾讯公益慈善基金会发起"筑梦新乡村"帮扶项目。2014年，腾讯在一次对帮扶乡村的调研中获知，乡村的落后主要源于"失连"，"失连"表现在：劳力失连，外出务工潮几乎掏空了乡村青壮年劳动力；亲情失连，留守儿童家庭教育缺失，他们缺的不是书包、文具和新衣新鞋，而是父母的陪伴和关爱；乡情失连，村民集体观念日渐淡薄，关注自身利益，漠视经济文化环境的综合发展，有利要争取，无利不奉献；继而带来的是干群关系之间的"失连"，以及由信息失连带来的财富"失连"。

2014年11月，腾讯在贵州省黔东南苗族侗族自治州黎平县岩洞镇大山深处一个叫铜关的小山村里，开展了一场农村"互联网+"实验。彼时，这个户籍人口1845人的村庄，人均年收入不足2500元，留守在村里的500余人中，有智能手机的村民不足10位，村"两委"只有一人有智能手机。腾讯基金会除了出资在村内架设了全省第一台为村庄提供的4G基站，并提供一批免费流量包之外，还邀请了100位半年内不会离开村庄外出务工的村民学习使用智能手机，建立"为村贵州黎平铜关村"微信公众号，通过订阅微信公众号、加入微信群，村民开始与世界重新建立

"连接"。

真正让村民通过移动数字化平台了解和参与基层治理，是从2015年7月微信公众号发布第一篇推文《铜关村低保初审名单出炉，敬请关注》开始，有村民将文章链接转到铜关村村民微信群里，瞬间吸引了众多外出务工村民入群，引发了村民对评审流程、获选资格等问题的热议。这种公开透明、扁平化的村务公开与议事方式，不仅打破了传统的村务管理模式，同时为改善干群关系、连接村内村外、创新问题解决方式等创造了条件。

2020年1月24日（除夕）上线的疫情播报

围绕数字乡村的村民服务与治理需求，"腾讯为村"陆续开发了系列功能，包括4个模块：村务公开、财务公开、书记信箱、村委日记。书记信箱里"书记的公开信"、村委日记成为村"两委"与村民沟通情感的桥梁，群众来信则成为党员干部公开为群众排忧解难的重要渠道，"腾讯为村"成为连接村"两委"与村民特别是外出务工村民的情感纽带。将"熟人社会""邻里关系"通过数字化手段搬到智能手机的微信群、微信公众号里，为基层管理者、村民及进城务工村民提供了实时沟通、永远在线、开放透明的连接方式。

"腾讯为村"于2015年8月正式向全国发布。截至2021年11月24日，全国共有30个省份、233个市、982个区县、2798个乡镇中的16603个村/社区加入"腾讯为村"。"腾讯为村"核心用户群体为乡村基层干部及村民，其中村/社区书记（党支部、总支、党委书记）12774名、村/居委会主任11871名，村"两委"干部48903名，党员192858名，认证村民超过253万人。

"腾讯为村"不仅在精准扶贫阶段通过数字化的手段、资源与能力，为解决贫困乡村的生存发展问题提供了精准而有效的创新路径，同时，在面对乡村发展条件艰苦、基层治理困局、公共卫生危机等具体问题上提供了科学应对的解决方案。2020年突如其来的疫情对乡村生活与治理秩序造成了巨大冲击，但也为我国乡村基层治理与服务带来了新的"可能性"。疫情发生以来，全国各地村庄在"腾讯为村"平台向村民发布疫情防控信息46万条，为村民提供24小时在线免费问诊服务，开辟了"心理援助专区"，研发了"疫情健康自查"等模块，利用医疗信息共享的方式为村民提供就诊便利，降低交叉感染的风险，缓解村民的紧张焦虑情绪，动员一切力量，共同打赢农村防疫战。

在安徽省黄山市黄山区甘棠镇甘棠社区，通过"腾讯为村"的"为村疫情上报、健康自查"功能及时响应居民对防护物资的需求，尽心尽力帮助居民解忧愁、渡难关，社区干部群众同心协力、共同战疫的信心倍增。甘棠社区根据在"腾讯为村"平台上发布的健康自查情况调查表，发现居民们因买不到口罩、消毒水而非常担忧，甘棠社区的领导当机立断，利用集体经济收入，通过多方渠道，从外地订购了一万多个口罩；村干部通过书记信箱在线处理村民疑难，有问必答，有来有回，不仅解决了物资短缺的问题，还及时部署了疫情防控工作，获得了村民的"五星好评"。陕西省延安市宝塔区南市街道市场沟村在"腾讯为村"平台发起话题#疫情防控，我们在努力#，记录村庄防疫工作，传播正能量。自2020年1月27日至2021年12月7日，共有4379个村庄参与，17.7万人分享，超过2032.8万次浏览。在湖南省保靖县迁陵镇茶市村，驻村扶贫工作队、村"两委"以"腾讯为村"平台为主阵地，适时发送通知、播报疫情、宣传防控信息，筑起了一道"数字"防线。茶市村是全国"为村"明星村、全国"为村"示范村，有注册村民679人，户均注册1.6人，覆盖家庭97%。

在2020年2月11日举行的国务院联防联控机制新闻发布会上，各地充分利用信息化手段和平台加强农村疫情防控的做法，被给予了充分肯定和鼓励。发布会上提到，各地通过"腾讯为村"平台，及时发布疫情防控信息，有效地动员了社会力量共同打赢农村防疫战。据了解，截至 2021 年 12 月 8 日，各地村庄已在"腾讯为村"平台上累计发送 53.6 万条疫情防控信息，受到超过 150 万农民群众的关注。

国务院联防联控机制新闻发布会对"为村抗疫"专题给予充分肯定和鼓励	央视财经频道报道"腾讯为村"平台助力农村战"疫"

2020 年 2 月 11 日国务院联防联控机制新闻发布会对"腾讯为村"的有关报道

"十四五"规划纲要指出：加快推进数字乡村建设，构建面向农业农村的综合信息服务体系，建立涉农信息普惠服务机制，推动乡村管理服务数字化。因此，数字乡村建设重点聚焦于信息、服务与管理三大方面，关键在于解决信息流动、服务触达、产业发展与治理升级四大问题。通过过去多年的实践，"腾讯为村"平台已基本完成从精准扶贫向乡村振兴的能力转移，而随着微信、企业微信、公众号、小程序等产品应用能力的不断深化，基于"腾讯为村"平台的服务也从基础性的信息沟通与传递走向乡村产业发展、县域经济激活、城乡融合互动，政务微信、视频号、微信小店等也正在成为支撑乡村基层治理与个体发展的重要平台。

◦ **乡村振兴与数字经济的"田野模式"**

相较于精准扶贫而言，乡村振兴是在利用数字技术、平台和手段，以连接的方式，解决信息触达、在线参与、服务供给等基本需求的基础上，通过云计算、大数据、人工智能、物联网等新兴技术助力农业产业数字化转型升级，创新AI种植、农产品质量安全溯源、区域农业品牌提升、休闲农业数字化管理与服务、农村综合管理和服务等场景，帮助老百姓实现节本增效，拓展农业、农村、农民在数字时代的发展新空间。

以腾讯云（莘县）农业数字经济产业基地为例。依托腾讯海量的C端数据资源，莘县作为"中国蔬菜第一县"的庞大而优质的农产品资源、完整的农业产业链条，以及鲁西地区最大的农产品物流和交易中心，腾讯云（莘县）农业数字经济产业基地逐渐发展成为腾讯生态下的农业产业矩阵，形成集人工智能、大数据、社交电商（网红电商）于一体的农业数字经济先行区和示范区。腾讯云通过"1+2+N"的建设模式，即一个基地综合运营管理平台，两个业务支撑平台（农业农村大数据平台、区块链平台），联合生态合作伙伴，共同本地化开发面向智慧农业应用场景的N类应用。通过农业数字经济产业基地，联合10多家生态合作伙伴，打通了莘县农业产、供、销和服务产业链，在种植端标准化、农村供应链金融、农产品销售新渠道建设、IP联合打造、新型职业农民培训等方面开发和落地多种创新应用场景。线上通过小程序模式联通1000余村的农村政务服务，让农民通过手机即可体验教育、医疗、动植物问诊等10多项惠农服务，惠及当地100多万农村人口。此外，腾讯还和山东省政府大数据局紧密合作，为莘县建设农业农村大数据中台，汇聚全县部门数据798万条，公共数据开放目录1263个，开放数据30万条。

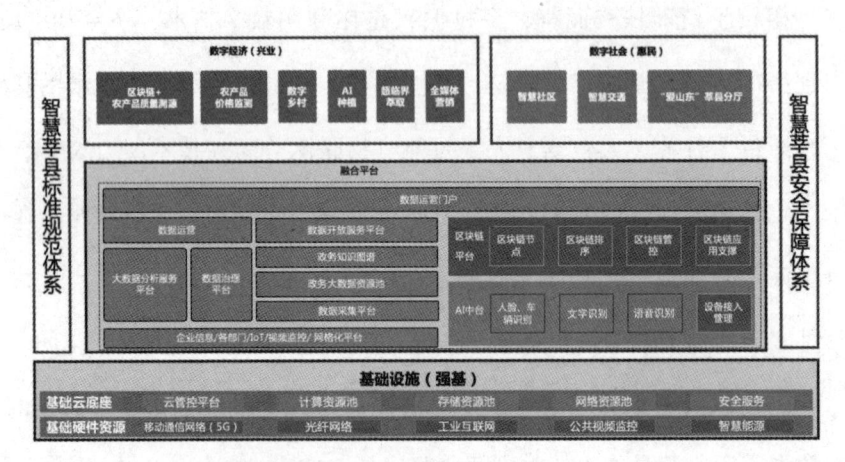

智慧莘县未来园区综合运营管理平台功能架构图

其中，基地综合运营管理平台以数字乡村综合服务为主，基于小程序的连接能力与用户基础，通过"互联网+乡村"创新模式，围绕"村务、服务、财务、事务"等功能板块，打造乡村线上政务服务平台，村民可通过平台实现远程医疗问诊、动植物专家咨询、在线农技培训、农业补贴申领、疫情上报等惠农惠民服务，政府可利用运营平台实现对关键指标的管控，如活跃村居、热点话题、热门话题、系统访问趋势及质量图等展示。

农业农村大数据平台主要包括农产品价格监测、农业农村大数据示范应用等。农产品价格监测系统基于互联网农产品价格数据，结合当地机构和个人上报数据，引入长期研究积累的监测分析预警模型，建设服务宏观调控、动态"透视"全国重点农产品价格变化，支持多维度预警、多层面分析、宏微观预测、报告搜集形成、在线调研会商、舆情实时扫描等功能，实现市场价格波动—社会价格舆情—政府价格调节有效联动机制，大幅提升价格监测分析预警和调控能力。农业农村大数据示范应用则通过整合当地农业数据资源，统一数据管理，在农业基础数据资源库和数据服务的基础上，建立产业决策支持系统，为政府管理决策和各类市场主体提供更加完善的数据服务，发挥大数据在农产品营销、农村金融、农业灾害预警及应急指挥、农资管理、乡村治理等领域的创新应用。

此外，智慧莘县还推出了"区块链+"农产品溯源、AI种植等示范应用，利用"区块链+大数据+物联网"，将农产品生产流通全流程数据上链，实现农产品"主体有备案、生产有记录、产品有标识、流向可追踪、质量可追溯、责任可界定、信息可共享"的全程化追溯体系。通过对植物生长状态、电气量等数据的实时多维度采集、管理与监控，基于AI算法训练植物种植规律的数据模型，测算最适合作物生长的环境状态，并可使设备自动调控，实现能效分析、用能优化及大棚用能效率提升，在减少人工干预的同时提高产量、优化农产品口感。

数字康养：从"养老"到"适老"的数字温度

国家统计局公布的第七次全国人口普查数据显示，我国60岁及以上人口2.64亿，占18.7%；65岁及以上人口1.9亿，占13.5%。人口老龄化成为社会发展的重要趋势，也是今后较长一段时期我国的基本国情。据相关研究预测，"十四五"时期我国老年人数量将突破3亿，我国也将由轻度老龄化阶段进入到中度老龄化阶段，应对人口老龄化也随之上升为国家战略。随着老龄化的快速发展与老年人数量的急剧攀升，社会治理与服务的压力也空前提升，从城市到乡村，从线上到线下，从街道到社区，面向老年人群体的治理模式、体验模式以及基础设施均面临着整体性重塑，而面向老龄社会的数字化、网络化、智能化升级与创新则是必然路径。疫情期间所暴露出的面向老年人群体的社会治理与服务问题主要反映在两大方面，一是"数字养老"问题。数字技术、产品及服务的供给与老年人群体的需求不匹配而导致服务错位，比如移动互联网、物联网、人工智能等技术虽大规模应用，但并未切实解决老年人群体的生活问题，技术沦为一种炫技。二是"数字适老"问题。移动应用、智能设备等快速普及，使老年人进入到一个需要重新学习的"知识真空"当中，比如网络外卖、网络约车、健康码等，无论是从产品应用的常识还是产品体验的逻辑，都需要针对老年人的行为方式、社交习惯、生理特点等进行人性化、有温度的设计与服务供给。通过数字技术推进"数字养老"与"数字适老"也是科技向善的题中之义。

"数字养老"的本质是通过数字化技术与手段全方位解决老年人的健康管理问题，其中包括医护、安防、监护、康复等系列内容。WeCity在数字养老方面的核心能力主要涵盖了五大方面。一是通过搭建数字平台实现对养老对象、设施、资产的智能化管理。腾讯云通过为养老机构提供集IaaS、PaaS和SaaS于一体的综合云服务解决方案，助力养老机构构建稳定安全的云环境和健康的云生态；并将自身的大数据、人工智能技术与医疗行业应用相结合，为医疗机构提供定制化的医疗大数据分析平台。利用腾讯的云医疗基础设施，可构建智慧机构养老管理系统平台，搭建医患远程医疗视频场景，分析健康大数据，解决医疗云存储问题。利用传感器、视频监控、定位技术、可穿戴式设备、手机App、微信小程序等，智慧养老管理系统可集成诸多功能，包括健康检测、智慧养老监护、实时健康管理、智能定位、资产管理、医护管理等，实现对养老对象、空间、环境、设备的全方位数字化管控。二是通过视频数据识别解决老人的安防问题。利用腾讯"即视智能安防系统"，可对视频源中的数据信息进行提取分析，可实现老人摔倒识别并报警、火灾识别报警、危险区域禁入等功能，可对老人的安全状况进行报警监护和完整记录，为老人提供24小时隐形守护。通过视频发现与数据报警，可极大地缩短意外发生时的干预时间，保障老人的生命安全。三是在智慧医疗方面可以为老年人的"老年病"与慢性病提供更优质的解决方案。比如通过AI对帕金森病进行辅助治疗，通过大数据分析帮助普通老人进行早期筛查，以提前发现疾病、尽早治疗。再比如通过在线游戏辅助眼动康复，通过视、听、嗅、触、运动等方面的训练和刺激，强化和激活更多的脑细胞，使大脑的形象思维加快，缩短反应时间，提高知觉速度、工作记忆、平衡运动等能力，帮助认知障碍老人进行康复训练。四是在养老机构的数字化管理方面进行科技助力。通过3D数据建模，可将养护院的整体信息在展厅展示出来，参访者可通过屏幕实时了解老年人在院内的生活情况，同时可全面展示养护院的护工、护士、医生、管理人员等的情况，帮助院长及管理团队实时掌握全院动态。五是可以通过整合自研养老服务、第三方开发者社区服务、政务服务，为老年人提供线上、线下服务。

中国互联网络信息中心发布的第47次《中国互联网络发展状况统计报告》显示，我国非网民规模为4.16亿，60岁及以上老年群体占非网民总体的比例为46%，约四分之三的老年人目前还不能熟练地使用智能手机上网。为进一步解决数字时代老年人出行难、就医难等智能技术"使用不平等"的问题，通过无障碍的数字化技术与应用填平"数字鸿沟"，2020年11月24日，国务院办公厅发布《关于切实解决老年人运用智能技术困难的实施方案》，方案指出，依托全国一体化政务服务平台，进一步推进政务数据共享，优化政务服务，实现社会保险待遇资格认证、津贴补贴领取等老年人高频服务事项便捷办理，让老年人办事少跑腿；优化老年人网上办理就医服务。通过数字技术与智能应用去关怀、帮扶老年人群体，抚慰他们在数字时代的"技术阡陌"与"智能孤岛"中不断徘徊的失落、失措与失望，应成为政府、企业及社会组织推进"数字红利"普及和缩短"数字鸿沟"的共同使命。

疫情期间，亮码出行已成为我们的生活日常，但对于老年人来讲，学会操作智能设备，打开健康码却是难上加难——了解健康码、找到入口、身份认证、亮码失败再刷新——整个过程对老年人而言是一种巨大的挑战与全新的学习。为便利老年人等不使用或不会操作智能手机的群体出行，基于微信小程序，国家政务服务平台提供了"老幼助查询"功能，还支持线上"帮他人领取"防疫健康信息码，让无智能手机或不会申领的老年人也能便利出行。此外，国家政务服务平台还陆续推出了"跨省异地就医备案"、电子社保卡"亲情服务"等，以便年轻子女可以帮父母办妥异地就医备案，在外地住院看病也能"刷医保"，帮助父母查询社保权益单、养老保险待遇资格认证、社保关系转移、就医购药支付等。

据媒体报道，2020年8月，黑龙江哈尔滨的一位白发老人乘坐公交车时因没有手机，无法扫健康码，而被司机拒载。老人因迟迟不肯下车而引起了其他乘客的不满，最终被民警接走。民警告诉老人，现在没有健康码无法乘车，"这是政府规定"。在"政府规定""乘客不满"与"老人不解"之间，可见"数字适老"问题本身并非技术是否可行的问题，而是公共部门、企业组织、社会公众等是否认为"这是一个问题"，是理所当然地认为老年人应该去迎合数字时代的所有趋势而选择性地冷漠忽视其需求，还是从老年人的处境出发以调整数字平台、技术与场景来满足他们的生活期待？这是摆在当前无论是政务服务平台还是商业互联网产品面前的必答题。

四川天府"健康通"小程序专为老年人、视障群体打造了"关怀模式"，并上线了语音播报、语音注解等多项语音服务，帮助特殊群体便捷使用、出行无忧。针对色弱、色盲或眼疾群体的使用需求，四川天府"健康通"强化了语音智能服务，上线语音播报、语音注解、智能语音客服等定制化功能，比如在语音播报功能上线后，视觉有障碍的用户可以在遇到需要扫码的公共场所时，直接登录健康码首页，系统会自动播报健康码的实时情况，如"绿码，可以健康出行"，用户便可快速、"零接触"有序通行。同时，点击页面上任意功能，系统也会自动语音告知功能作用。这不仅降低了用户的使用难度，还提高了工作人员的工作效率。此外，四川天府"健康通"还在全国范围内率先上线了"离线码"功能，有效解决了老人、儿童的出行困难。数据显示，四川天府"健康通"微信小程序的离线码功能上线两周累积访问次数超250万，已经有近200万的老人、儿童用上了离线码。

四川天府"健康通"小程序

围绕老年人的听说读写能力的退化以及生理机能的缺陷，以数字化和智能化服务体验的人性化设计弥合应用落差，已经成为"数字适老"的基本趋势。摒斥技术化思维，秉持"科技向善"理念，真正将老年人视为正在崛起的社会"主流人群",将通过数字技术、产品与应用推进"数字适老"作为一种可持续的商业模式,而非一种打上"义务""公益"等标签的自发行为,通过数字技术、平台与设备将老年人需求进行社会化融合,而非进行对"特殊人群"的"特殊关照"或"隔离",无论对于政府机构、企业组织和社会公众,还是对老年人群体本身,都将是有益无害的。

第五节　创造:流程与体验变革创新数字价值

低代码轻应用:应用生态共建重塑城市数字治理生态

低代码开发平台是一种全新的开发方式,通过把标准功能组件化、业务需求配置化,改变应用交付和管理的模式,可以大大缩减应用交付的周期,加速业务创新,以创造更多价值。对于商业互联网平台而言,打造低代码开发平台已经成为挖掘云资源潜力、激活开放生态价值与创新商业模式的重要手段。而对于城市数字治理而言,低代码开发平台不仅将优化和变革传统的城市数字化项目的立项、采购、建设与评估流程,同时还将对城市治理过程中的部门协同、业务更新及产品迭代产生至关重要的影响。从"城市即平台"的发展视角而言,低代码开发平台的本质即城市数据开放平台与城市治理和服务应用市场的集合体。

在城市"一网统管"的实践探索中,从市、区到街镇、社区/村居等，不同层级的应用需求随之分层，尤其是当城市治理需求下沉到街镇、社区/村居端，以低门槛、易上手、开发快、成本低等为特征的移动治理轻应用越来越受到欢迎。通过以微信小程序支撑的SaaS化轻应用实现"最多报一次""最多填一次"等，成为基层一线工作人员跳出"指尖形式主义"的陷阱与重复录入工作的困境的重要途径。但是，城市数字治理轻应用的开发和使用还存在诸多问题，包括需求响应慢、技术经验缺乏、集约化不足、开发环境难以支撑等，正在成为基层快速响应和参与城市"一网统管"工作的重要障碍，极大地影响了基层数字化治理效率。特别是在疫情防控过程中，基层对使用轻应用小工具开展人员登记、人口管理、物资发放等有大量需求，部分区县因为已有开发条件和基础较好，推出了性价比高、易用性好的轻应用；而有的单位和部门则因为独立开发进度慢、成本高等原因而无法及时在疫情防控中发挥出应有的作用。2021年，依托于腾讯WeCity的核心能力，上海市推出了自身的"一网统管"低代码应用平台（上海市轻应用开发及赋能中心），面向各级城运应用单位和市场开发者提供综合服务，打造技术和应用深度融合、相互促进、一体化发展的良好生态。

上海市的低代码轻应用平台主要以实现轻应用开发需求的快速响应、敏捷开发、成果共享为目标，面向"一网统管"各单位用户、轻应用开发服务企业，通过统一服务门户、需求发布大厅、低代码开发服务、应用综合管理系统等，提供各类服务和开发工具，并形成需求发布、服务响应、在线协同开发、应用上线分发的闭环服务流程。归纳起来就是：

轻应用迭代、低代码开发，跑出治理"加速度"；跨层级地域、引多方参与，画好治理"同心圆"；云移动办公、低开发成本，提升治理"新效益"；丰富生态、沉淀场景数据，构建治理"新模式"；促法治保障、保安全合规，搭建治理"防护网"。通过低代码轻应用平台，主要实现四大功能与价值。一是搭建应用市场。低代码平台主要提供本市已上线的轻应用供各单位选择试用，提供免费下载，部分应用还可以先行试用再个性化定制使用。二是促进供需沟通。低代码平台为轻应用的需求方和设计方打造了一个开放、可控的合作平台，单位用户可以在需求大厅发布需求，在线挑选供应商进行定制开发，开发商可以进行自主在线应标。三是提供开发支持。低代码平台为开发企业提供所需的各类服务，并为开发者提供WeDa多端应用一站式开发管理平台。平台具有一次开发、多端运行的优势，支持政务微信、App、H5等常见移动应用，以团队协作等方式，快速搭建出轻应用，降低开发门槛，提高开发效率，保证应用质量。四是优化开发环境。为响应基层单位为轻应用开发服务企业提供安全可靠的开发环境的需求，目前已推出了完整、可靠、安全的软硬件技术和资源支持、人员培训等，集中利用开发场地、网络、计算和开发工具等各项资源，提高应用开发、测试、上线效率，降低开发成本。

"一网统管"低代码轻应用平台的政务应用生态正不断丰富，现已上线运行200多款轻应用，包括防疫管控、营商管理、协同办公、联勤联动、民生服务等各类应用服务，为基层治理提供多样化的"答题思路"。从运行绩效来看，相比原生代码开发模式，低代码轻应用平台代码量降低80%；相比传统的App开发，轻应用小程序开发最快仅需1天，使开发周期缩短90%；在开发人员和时间投入方面，轻应用小程序平均人力投入缩减50%；在轻应用产品的应用效果方面，目前上海市低代码轻应用平台的整体接口日调用次数已超7亿次。低代码轻应用平台的本质是对"城市即平台"的生动实践，通过将城市数字治理的具体场景颗粒化、产品化，并实现管理部门与开发单位的在线开放对接，真正打造城市"一网统管"的数字创新生态。

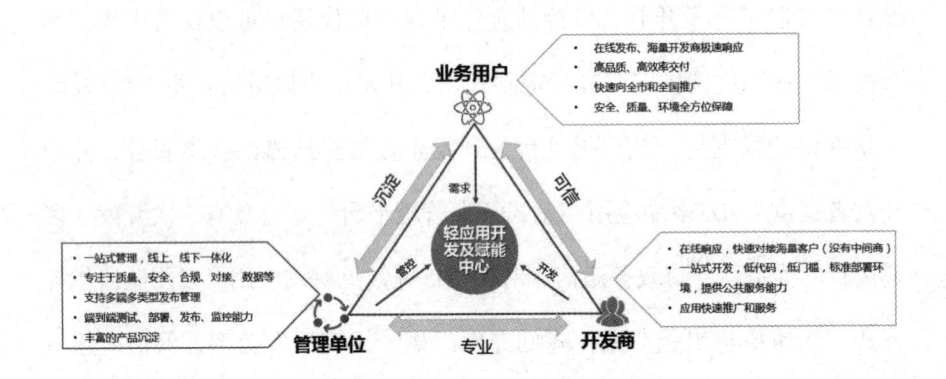

从低代码轻应用平台的具体应用案例来看，以上海市奉贤区城运中心的大客流分析轻应用工具、长宁生态环境局的排污治理工具两款轻应用为例，其对基层办公服务产生了重要的"减负"作用。2021年"五一小长假"期间，作为旅行热门城市的上海迎来大客流高峰，基层工作人员的管理难度不断上升。尤其是在疫情防控常态化的背景下，实时变化的客流信息、繁杂的车流数据对客流、车流的管理水平提出了更高要求。此前，奉贤区城运中心在清明祭扫期间，通过上海市"一网统管"轻应

用开发及赋能中心发布了对大客流分析工具的需求，并通过平台撮合，在技术公司的快速响应下，两天内迅速为街镇和村居一线管理人员落地"一网统管"移动端轻型工具，直接节约了30%的时间及50%的人员投入成本，同时提高了80%的开发效率，多维度推动基层治理创新。奉贤区城运中心利用低代码平台的开发优势，高效对接了奉贤区三大公墓的客流情况和车流数据，让工作人员在上海市政务微信端即可实时、便捷地掌握公墓的人流、车流、预约等祭扫情况。应用上线后，助力奉贤区有关干部职工300多人通过政务微信获取实时信息，为各级政府的宏观调控与联勤联动提供数据支撑。除客流管理的场景外，平台还可以满足基层各种个性化与定制化的开发需求，平台不仅覆盖智慧城市、环保、消防、数据分析等多领域开发，还支持腾讯WeDa低代码服务。该服务融合了腾讯及多家开发服务商的各类通用模块，助力轻应用的开发者像搭积木一样搭建应用。

长宁区生态环境局上线的"智慧环境治理"应用也体现了低代码轻应用平台在具体的城市治理场景中的迅捷与便利。2021年长宁区在区内开展针对餐饮、汽修等企业污水乱排放等突出问题的环境专项治理，技术开发公司通过低代码平台在"智慧环境治理"模块高效开发排污治理轻应用，并在江苏、周桥、北新泾3个街镇展开为期一个月的试运行，由街镇人员在政务微信端对60家企业进行巡查填报。工作人员运用最新上线的基于低代码轻应用平台的"巡查填报"功能，对餐饮店铺的经营范围、排水去向等信息进行补充完善，同时在街道发现问题后快速生成问题事项清单，通过城运系统平台派单至相应的部门，形成高效响应及闭环的网格化联动处置。通过"智慧环境治理"政务微信轻应用，工作人员将平时的手工记录、纸质表格统计、上交汇总等工作统统搬到了线上，不仅简化了工作流程，还降低了统计数据的差错率，工作效率直线上升。以轻量化的应用开发、建设与管理成本，应对、化解和优化城市治理过程中沉落在基层的繁重的现场勘查、数据填报、信息汇总等工作，使每一个基层的"表姐""表叔"不仅成为城市治理一线的工作者，同时也是城市数字治理创新应用的"开发者"，这即是低代码轻应用平台带给城市数字化转型的深远意义。

"一网协同"：业务流程重塑与组织数字化转型

从城市数字化转型的发展趋势来看，第一阶段可以概括为由"一网通办"发轫的政务服务数字化转型，第二阶段则是以"一网统管"为标志的城市治理数字化转型，那么，第三阶段即是由"一网协同"为标志的城市决策体系数字化转型，其主要表现是基于政务微信平台为政府公职人员打造一站式、一体化协同平台，通过一个平台、一个通讯录、一套标准与一张网络，实现更便捷、更高效、更集约、更安全、更扁平的政务协同新模式。从"一网协同"助力政务办公数字化的特征与效应来看，首先是社交化，由微信、微博等社交平台养成的用户习惯，可以助力公务人员在应用平台功能时得心应手，在线办公像微信聊天一样便捷；其次是扁平化，基于政务微信的"一网协同"，可以迅速压缩和消解传统模式下的政务管理层级，为公文传输、文件下达、公务联络等提供快捷通道，同时，在线留痕也可以为后期追溯与反馈提供依据；再次是众创化，作为政府内部的在线沟通与办公平台，同时也是政务创新的开放平台，通过基础应用组件的提供，可以为部门、机构和单位众创式联合解决工作难题提供空间。

腾讯WeCity"一网协同"主要有三大典型应用场景。一是政府协同，即推进跨地区、跨层级、跨部门的政务协同，实现移动办公、信息共享和协同审批，不断提升政务办公效率和协作效能，实现"掌上政府"和"指尖办事"。二是城市治理及政务服务，可以智能掌握城市实时动态，掌上管理城市日常运行，跨端实现政务审批服务，高效提升政务协同工作。三是垂直行业协同，可以满足不同政务领域的在线办公业务需求，覆盖公安、司法、人社、教育等多行业垂直协同办公。从平台优势角度而言，腾讯WeCity"一网协同"平台主要具备五大协同能力：三端协同，通过政务微信、企业微信、微信的协同互通，连接政府、企业、民众三大群体；移动协同，可以随时随地处理公务，实现在线沟通无障碍，随时掌控基层业务，轻松统筹系统内部工作；决策协同，可以实现"领导关切一屏尽览，领导指挥全局响应"；业务协同，通过跨部门跨层级纵横互通无缝协同，高效处置突发事件；生态协同，通过搭建"政务应用超市"，让政务应用开发更快速，丰富政务生态体系。

"粤政易"是腾讯WeCity"一网协同"的重要实践范例。"粤政易"是由广东省统一建设、分级管理，供省内各级政务工作人员处理公文、信息、事务的移动办公平台，以满足政府部门内部办文、办事、办会的需求为基础，以提供跨层级、跨地域、跨部门、跨系统、跨业务的数据共享和业务协同为导向，打通政府各部门应用的业务流程，推进部门纵横联动和协同办公，成为广东省推进"整体政府"建设与一网统管的重要数字平台。

"粤政易"为广东省公务员打造集即时通信、通讯录、工作台、个人信息四个板块于一体的移动办公平台，统建了"粤视会""会议管理""批示速递""广东网院""粤政头条"等20项政务应用，借助移动办公、信息共享、审批协同三大抓手，提升工作效率，减轻基层负担。通过将全省所有行政机构纳入一套数字通讯录，实现了跨部门、跨组织、跨地域、跨系统、跨层级的即时连接与通信，使公文传输、任务交办、文件查询、文件签批等皆可通过在线完成。

在信息服务方面，"粤政易"打造了面向公务人员与领导决策的信息数据产品。比如"粤政易"开辟出"数看广东""粤政头条"等，为公职人员便捷获取政务信息、掌握经济社会运行情况提供信息汇聚窗口。其中，"数看广东"涵括气象资讯及台风路径等民生服务，此外还包括好差评、政务公开、效能监管等政务数据专栏，为推进政务服务效能提升创造空间。"粤政头条"开设了全省要闻、地市要闻两大板块，提供政务、党建、民生等信息服务，为公职人员拓宽视野、提升专业知识创造条件。在领导决策支撑方面，"粤政易"在汕尾市率先实践"领导看数"功能，通过可视化、多维动态的数据图表呈现重要指标。以"脱贫攻坚"为例，责任领导可通过指尖查阅目标市或县的脱贫攻坚工作倒计时，已脱贫、未脱贫户的总体数据、地域分布，还能看到"一户一策"的推进情况，为精准施策提供重要参考依据。

此外，"粤政易"基于开放平台建设了"政务应用超市"，各地各部门可自主研发与发布本地本部门的优秀政务应用，使在线办公平台变身为政务创新交流平台，使不同部门均可共享数字政府创新成果。如广州市越秀区依托"粤政易"打造的"越秀先锋"移动工作台，将12345政府服务热线、网格化管理、应急值守、城市管理等业务进行多网整合，切实解决基层二次录入问题，实现基层减负，确保基层工作令行禁止、群众需求有呼必应。随着这样贴近基层需求、解决痛点问题的创新应用在"粤政易"平台上不断涌现，依托"一网协同"的平台内生创新效应开始逐渐显现。

除了在线办文、办公等功能，"粤政易"还通过内嵌远程视频协作平台，支持高清流畅的移动音视频会议，可与PC端、移动端、无人机、监视器、摄像头等视讯无缝对接，各职能部门可通过"粤视会"开展多方会议，完成上传下达、移动入会、指挥调度、远程培训、应急巡查等视频互动协作工作。而且，在突发紧急事件时，"粤政易"可以迅速支撑建立在线应急指挥中心，一线人员可以通过远程视频汇报一线险情、救助情况、灾害损失等，后端决策指挥人员可以调度各方资源、远程精准指挥，提高城市应急的响应速度。为加强组织建设与党建工作，"粤政易"还开设了"数忆初心""党建专栏"等栏目，汇集最新党政要闻和党建知识，让广大党员干部第一时间便捷学习掌握党建指示，熟悉党情、民情、社情。

新冠肺炎疫情发生后，基于"粤政易"平台，各地、各部门迅速建立起通信和工作协同渠道。疫情防控期间，全省公职人员使用"粤政易"进行远程沟通超350万人次，4000多家单位通过电子公文交换系统在线收发公文逾100万份。"粤政易"率先与"粤省事""粤康码"实现互联互通，全省9000多家单位通过"粤政易"进行个人健康信息上报。为助力学生返校复学，"粤政易"面向全省教育系统打造一体化疫情防控平台和疫情防控重点工作进展反馈平台。

目前"粤政易"已为广东省21个地市、1.8万家单位、逾80万名用户开通账户，接入应用400多项，累计访问量超1700万次，日均工作交流信息超过80万条，累计交换公文超过250万份，公文处理的效率提升超过40%。广东省公职人员传统的工作模式正在向"掌上办公"转变。

第七次人口普查个人信息采集也得益于"微信—企业微信—政务微信"三端协同能力，通过有效连通民众、普查员及政府工作人员，首次稳定、高效、安全地完成了"支撑100万人同时填报信息、700万普查员在线管理、全国所有人在15天内完成信息采集"的艰巨任务。由于疫情影响，2020年全国两会只能以在线会议模式召开，腾讯WeCity"一网协同"在两会期间首创"云听会"模式，以视频会议方式传输代表审议发言的音视频，来自100多个小组近3000位人大代表的声音通过政务微信稳定直达全国人大机关、国务院各有关部委。由此可见，腾讯WeCity"一网协同"不仅仅可以优化和提升单位、组织及机构的沟通与运行效率，通过在不同场景、不同领域的实践，比如在人口普查、全国两会等场景中的应用，在5G、云计算、大数据、物联网、人工智能、区块链等新基建的支撑下，"一网协同"还以"微信—企业微信—政务微信"三端协同为支点，成为释放人的创新潜力与重塑组织协作能力的重要推动力。

未来城市：全面数字化转型之路

从城市本身而言，智慧城市建设与发展的宏观环境正在发生着巨大变化，这种变化主要体现在三大方面。

一是"碳达峰"与"碳中和"目标的提出，意味着我国智慧城市的建设模式、运营方式与服务模式都将会得到相应的调整和优化。

二是人口结构的转型使智慧城市的治理与服务本身需要更多考虑特殊群体及"无差别服务"、"城乡融合"、"跨城通办"、"跨省通办"的新型政务服务方式将逐步实现，老龄化趋势下更智能的"人机协同"服务模式也正在到来。

三是城市竞争模式的转型。城市之间的竞争开始由单体城市的竞争转向城市群、都市圈内中心城市与中小城市的抱团式、同城化发展，由单纯的资源、政策、区位等优势与能力竞争转向如何聚合更多数字要素资源与发挥网络规模效应的博弈。

从数字化转型角度来看，我们对城市复杂巨系统的理解和技术赋能都还处于较为早期的阶段，随着信息技术的发展及城市数字化转型的逐渐深入，以新基建全面改造城市系统、数据驱动改变城市运营与管理逻辑、多元主体参与共建共治共享等会成为未来城市数字化转型新的重点。

此外，以《网络安全法》《数据安全法》《个人信息保护法》三法为核心的网络法律体系建立，将更加有力地为城市数字化转型护航。

第一节　从浅层集成到深度再造

近年来，智慧城市建设已经从重点关注单个领域转向更加关注城市级跨部门的系统集成，但其集成工作仍多为比较浅层次的硬件、数据和应用集成，属于信息化系统集成的层面。如习近平总书记所说，"从信息化到智能化再到智慧化，是建设智慧城市的必由之路"，随着城市数字化转型的提出和推进，这类浅层信息系统集成的方式，正在向各领域深度的组织和流程再造转变。

例如，当前绝大多数智慧城市建设将数字政府作为基础和撬动点。数字政府可帮助政府运行摆脱手工操作，提高办事效率，促进政府降低行政成本；可以实现数据跨层级跨部门的更高效流转，促进政府实现整体协同；也可以支持政府打通与市民之间的信息渠道，促进政府开放。但当前，以政府为推动主体的城市治理各细分领域信息化还是由传统的供应商负责应用建设，大型集成商负责提供IaaS和PaaS层的整合能力，通常也包括数据集成等工作，在这种模式下，此类集成往往并不能改变政府各部门原有的运行模式，无法有效改善信息孤岛问题。

当前数字政府建设的主要价值是通过"数字孪生"实现"数据化"，量化描述城市的运行状态，技术要点包括：

城市物理空间的数字化。以遥感、测绘、卫星定位、倾斜摄影测量、激光雷达等技术为基础，BIM（建筑信息模型）和GIS（地理信息系统）已可在数字空间里从宏观到微观精确实现城市和建筑空间形态的三维重现。

打通各部门政务数据，解决条块分割的"数据孤岛"和"数据烟囱"。数据分割源自部门割裂，互联互通和共享交换仅为基础，只有通过高维应用，促进跨部门数据协作，提高城市综合解决复杂问题的能力，才能给数据的打通和流转以真正动力。

新技术驱动下的城市部门分工整合。近年来，跨行业、跨部门的综合性协同机构已出现。众多城市组建融合规划、城管、环卫、环保、市政市容等传统部门业务的大城管部门，各种城市生命线的应急能力被整合进专门的应急管理部门，大数据局等数据主管部门自上而下统筹智慧城市建设的设施和数据。管理职能整合有赖于信息技术、通信技术的支撑。

城市运行数据，特指来自物联网的各种描述城市基础设施和车辆、人员运行状态、行为的"流""场"数据，包括基础设施管网和设备运行数据、车辆位置和驾驶状态、人员行为等。

通过城市数据平台，将上述各类环节的有关数据有条理、有结构地组织，能够查询、回溯，进行可视化分析，支撑解决部分政府协同、城市治理和服务问题，是现阶段大多数智慧城市建设的目标。在新冠肺炎疫情中，由于城市各种资源和外部条件剧烈变化，城市通过大屏应用接入越来越多维度的高频数据,通过直观可视化,帮助各级政府适应了基于海量数据的决策模式,对智慧城市发展起到了积极作用;但存在的不足是,大屏数据大多是静态和宏观数据,决策支持价值较为有限。

而正在到来的智能化建设阶段是指,事物在网络、大数据、物联网和人工智能等技术支持下,具有能动地满足人各种需求的属性,具备自适应、自校正、自协调等能力。

CPS(Cyber-Physical Systems,信息物理融合系统)的概念可较好地描述智能化过程。信息系统实时监控物理世界的运行状况,物理世界又可借助信息系统进行对各类环境因素的监测、调节与控制。通过信息系统和物理世界相互渗透的反馈循环,达成安全、可靠、高效和实时的控制效果。

早期智能化系统大多是自动化的机器设备,随着物联网和人工智能的发展,一些较复杂的系统也具备了整体的智能化能力。如无人驾驶汽车,将传感器物联网、移动互联网、大数据分析等技术融为一体,通过传感器识别自身状态和环境态势,实现自动化的驾驶、避障、停车等,能动地满足出行需求。智能化的基本逻辑是,采集事物运行数据,对其历史规律进行数学建模,通过计算预测和监测对比,反向指导或控制事物运行。

智能交通是当下最典型的城市智能应用。基于摄像头、卡口、雷达、浮动车等采集路口的交通量,以及路段的行车速度等数据,通过交通领域的数学模型,计算更合理的信号灯配时,代替传统的固定程序或手动控制,提升路口乃至全路网的通行效率。

又如，人脸识别、车牌识别等视频数据的结构化处理和要素识别，是现阶段最普遍的人工智能应用。人工智能从视频数据中提取有用信息，解决了视频数据只能人工监视或事后回溯的问题。类似的还有NLP（自然语言语义处理）和语音识别等，都是城市数据处理分析需要的通用人工智能算法。

基础设施运行领域，包括能源供给、地下管网运行以及道路车辆等，都可采用智能化手段管理。智能化的前提是对城市数据的全面感知。通过传统基础设施的智能化改造，实现全面数据采集及城市感知网的建立，基于高频度、高时空精度、多维度的数据，支持精细化建模和相对准确的短期预测推演。这一阶段，智能算法和算力已不是问题。

可以看到，我们正在进入"全数化、建孪生"的新型智慧城市建设阶段[1]，信息世界与人类世界、物理世界将深度融合，城市计算将演化为以人机物融合泛在计算为主导的方式。梅宏院士提出的"软件定义一切"的"平台化"思维方式以及"泛在操作系统（Ubiquitous Operating System，UOS）"为我们提供了实现这一计算新模式的解题"钥匙"。UOS是具有泛在感知、泛在互联、轻量计算、轻量认知、反馈控制、自然交互等新特征的新形态操作系统。城市操作系统也是一种UOS，是一种面向城市巨复杂系统的人机物融合泛在计算平台，可实现城市物理基础设施的数字化和软件定义，以及各类资源的互操作和统一调度，进而支持动态高

---

[1] 梅宏，《对新型智慧城市建设的若干认识和思考》，第四届数字中国建设峰会，2021年4月26日，福州。

效的精细化城市治理。2021年11月，腾讯新发布的WeCityOS未来城市开放操作系统可谓是产业界在此领域的探索实践。

自从"新基建"战略提出以后，智慧城市建设的重点逐步转向为底层构造人机物融合的泛在计算环境和城市操作系统，上层则对各类城市系统进行大数据和人工智能使能的深度再造，并由此改变城市的治理方法和流程。

第二节 从连接流程到连接时空

ICT技术的基本能力是"连接"和"计算"，并通过"连接"改变要素之间的关系，尤其是时空关系，这是所有信息化问题研究的基本命题。

时空关系是社会空间与物质空间之间连接的纽带，在低速、低频场景中，简单的时空维度下，二者更多表现为静态的耦合关系。而当信息空间叠加于物质空间、社会空间之上时，拓展了此二者的维度和连接方式的可能性，呈现了更丰富的时空特性，最基本的表现就是对时空的压缩、解耦与重组。

在技术发展的不同阶段，ICT技术连接的对象、连接的强度，以及消除信息不对称的能力是不同的。

互联网时代，解决的主要问题是对人的连接。从电报、电话、无线通信1G—5G，人们几乎完全摆脱了空间的束缚，实现人与人接近全息的信息交流，也诞生出BAT、谷歌和苹果这样的科技企业。现阶段的智慧城市建设和数字政府应用，主要也是通过互联网高效连接政府内部的业务流程。

物联网时代，解决的主要是对物的连接。低功耗、广覆盖、大连接数，实现了对从智能家居到基础设施，所有空间和设施运行状态的感知与控制。

而正在到来的"互联网下半场"，我们将要面对的，无疑是更丰富的连接场景、更多的产业机会。在连接"人—物"之后的下一步，会是人和物体与空间容器的连接，形成新的"时空场景"，然后通过时空算法去精确匹配各种资源及供需关系。新零售的三要素"人—货—场"，其实就是这种"人—物—空间"关系在特定领域的映射。这种对时空资源供需关系的高效匹配也就是智慧城市的基本逻辑。而这些，也是未来商业模式的核心。

人居环境各子系统演进的一种趋势是，功能、设施、服务与固定的空间解耦，并通过"流、场、网"的连接，在时空维度上重新耦合，创造出无数新的商业模式。

共享单车、网约车、快递外卖等，都是典型的时空资源动态匹配场景，设施和服务的需求与供给都是动态变化的，需要的是高频动态的连接与计算能力。更进一步的，则是空间功能与实体空间解耦，并通过装配式建造、智能传感器等实现空间、功能与用户需求的动态匹配。

ICT技术带来的功能与实体空间的解耦和重构，改变了空间运行的基本逻辑。在产业层面，重构产业空间的组织逻辑，响应制造业和农业的无人化、C2M（用户直连制造）定制化的趋势，重新布局城乡产业分工；在城市层面，工作、生活与游憩在时空上融合，自动驾驶和新能源车辆改变城市的交通组织模式乃至基本结构；在街区层面，混合功能、分时复用的小型复合功能区逐渐取代严格的单一功能分区；在社区层面，人们越来越基于共同的工作和兴趣结成社群，更灵活地选择居住地，住宅内的低频低私密功能转化进共享化的准公共空间。

时空要素的解耦，并通过数字空间纽带重组的逻辑，给空间形态和功能带来更多的可能性。而对于城市规划、建筑设计、景观设计等人居空间营造领域，我们突然获得了更多更丰富的空间干预工具。未来城市的基底仍然离不开实体空间的形态构建，但更重要的是，"实体—社会—数字"三重空间叠合以后，如何去设计、建构、干预，将是人居环境科学新的命题，甚至这还会在很大程度上引导ICT技术的演进方向。

第三节　从自上而下到全面参与

当前的智慧城市建设多是由政府投资推动的自上而下的建设，从顶层设计出发，整体搭建数字政府的技术架构，把城市系统分解为若干个子系统，再分别加以数字化改造。这种自上而下的过程在城市数字化转型中是必不可少的，智慧城市需要整体统筹，并建立框架、制度和标准，然而这些并不是全部。

相对而言，大多数发达国家政府在城市数字化转型中往往主导性和投入都比较有限。以社会服务和产业创新为重点的项目大多采用政府引导、财政资助和企业投入为主的方式。这种自下而上的模式通常是针对特定的城市问题，尤其是较小的场景，以注重投入产出的市场化方式为主，企业和市民会发挥更大的主动性。

2021年7月的郑州水灾中，基于共享文档、小程序的民间自发救援数字"轻"应用的普遍推广意味着我国的智慧城市发展进入了一个新的时代，一个全民参与、群防群治的时代。在我国，基于移动互联网的商业模式创新已经全球领先，很多准公共领域也有丰富的成功案例，如线上打车、共享单车、快递跟踪等。很多城市也引入了"随手拍"应用，作为城市管理和交通违章治理的手段，发动市民参与城市治理，取得了良好的效果。

这种自下而上的方式最主要的两个问题是：第一，传统的应用开发成本高、周期长，只适用于一些非时效性的应用，难以快速响应需求；第二，系统相对封闭，不利于多个部门、多个主体协同参与开发和运营工作。我们亟须设计一个"数字化分布式连接"网络平台，将政府、企业、市民侧的各类社会资源广泛连接，让网络中的群体和个体有施展才能的平台和空间，在预警、宣传、社会动员、志愿服务、技术支持、专业救援、灾后恢复等方面发挥积极作用，实现快速反应的社会化救援。

未来，还需要借力人工智能、物联网、机器人等最新技术，应用于监测、预警、预防、应急处置上，提升效率和安全。同时通过安全社区、综合减灾示范社区等平台和载体，建立社区、小区、自然村、家庭的自防、自救和互救体系。

随着云计算、大数据、人工智能、区块链、5G等数字技术的发展，大中台、小前台的云原生思想改变了智慧城市应用的开发方式。在兼顾数据资源汇聚、打通以及公众隐私保护的基础上，面对越来越丰富的数字化场景需求，开发者可以迅速开发各种高时效性甚至应急响应类应用，大大提高企业和个人开发者参与城市数字创新的可能性。以腾讯云推出的基于微信、在线文档等平台的创新应用为例，其广泛的C端触达能力和小程序的友好性会使其越来越成为政府主导的智慧城市应用的重要补充，更深入地连接政府、企业和市民等主体。

附 录

部分城市案例概要

序号	城市	解决方案	案例描述
1	长沙	城市超脑	长沙城市超级大脑	长沙作为腾讯WeCity未来城市解决方案首个落地城市，以"创新、协调、绿色、开放、共享"为原则，以"全省样板、全国前列"为总目标，夯实数据大脑核心能力，以应用中台、数据中台和AI中台建设为基础，将"数据大脑"建设成新型智慧城市建设的应用支撑中心、数据资源中心和AI能力中心，同时通过政务服务、党建、文旅、医疗、医保和"我的长沙"App等智慧应用项目落实并形成建设和应用样板，切实发挥了"数字化助手"的能力与优势，满足了移动互联网时代长沙新型智慧城市建设的客户要求，让长沙市民的生活更加便利、幸福，让长沙这座城市更具吸引力和竞争力。
2	贵阳	数智贵阳	数智贵阳未来城市	为进一步贯彻落实贵阳市委、市政府关于数智贵阳未来城市项目建设的工作部署，深化"数智贵阳"数字化、网络化和智能化水平，"筑造"集数字经济、数字社会、数字文明于一体的未来城市，为民众提供更高效、更便捷、更透明的政务和民生服务。通过数智贵阳未来城市项目建设，提升"数智贵阳"数字化、网络化和智能化水平，实现城市基础平台、政务民生、城市治理、城市决策、产业发展等与大数据深入融合，搭建块数据（城市）综合服务平台、提供数据治理服务，为数博大道数字孪生城市的建设提供底层数据服务支撑。

续表

序号	城市	解决方案	案例描述
3	江门	智慧人才岛	江门人才岛智慧城市	江门人才岛智慧城市项目通过2中心（国际人才数据中心、智慧城市展示中心）、2平台（城市物联网平台、人才岛城市级中台）、2大核心应用（城市运行监控管理平台、城市综合服务平台），全面提升全岛城市服务治理水平，促进基础公共设施统建共用，实现物联网设备统一管理，惠及公众智慧化服务，打造平安人才岛。推动江门人才岛成为国际一流、国内领先的智慧城市标杆地区，提升其竞争力以及对国际人才的吸引力。
4	宿州	产城融合	宿州WeCity智慧高新项目	为打造"数字宿州"，加快传统产业升级转型，提高政务服务水平，宿州市政府与腾讯签署战略合作协议，双方携手推动宿州市未来城市建设及数字产业发展。打造指尖民生程序，提升市民使用体验，提升便民服务水平；建设数据中台，从数据标准规范，到数据的归集、存储、治理、服务、安全，形成政府数据资源的管理和服务体系；为了提升营商环境，打通政府内部数据共享，以不动产登记为基础，打通不动产登记的多个环节，提升服务效率和水平，改善宿州市的营商环境。
5	武汉	城市码	武汉智慧城市项目	2020年初，新冠肺炎疫情暴发，武汉作为疫情的风暴眼，经历了重大考验。在这场"战疫"中，新型智慧城市赋能社会治理效果凸显。疫情进入常态化后，武汉结合数字战疫成果，利用数字技术实现业务、数据融合发展，促进疫后经济复苏和城市发展。疫情期间，腾讯助力武汉上线"武汉战疫"健康码，为疫情防控和复工复产提供数字化支撑，现阶段正助力武汉积极推进民生服务"一码互联"、政府办公"一网协同"、城市运行"一网统管"、社会治理"一网共治"的建设，致力于实现"精准服务一个人"，"高效处置一件事"，"全面治理一座城"。
6	广州	一网统管	广州"穗智管"城市运行管理中枢项目	为加快推进广州城市治理现代化，解决城市管理中的堵点、盲点，腾讯联合广州市政府打造了广州市"穗智管"城市运行管理中枢，从城市发展和人民需求出发，运用大数据、云计算、区块链、物联网、人工智能等技术手段，建立"一图统管、一网共治"运行模式，并打造了涵盖经济、医疗、城管、交通、生态、民生等各领域要素"一图20景"运行管理体系，集合运行监测、预测预警、协同联动、决策支持、指挥调度等五大功能，多维度助力广州实现绣花针式的城市治理升级，探索出一条符合超大型城市特点和规律的治理新路子，将广州打造成超大型城市治理的案例标杆。

续表

序号	城市	解决方案	案例描述
7	北京	城市多卡合一	北京多卡合一项目	基于北京市推进民生卡"多卡合一"工作实施方案的要求，以第三代社保卡为基础，通过统一权益平台对接13个委办局，实现"以民生服务为核心，基于第三代社保卡，整合现有实体民生卡，推行电子民生卡，统一实体卡和电子卡的用卡环境，拓展应用场景，建设集权益保障、政务服务、金融服务、公共服务等功能于一体的线上线下民生卡管理应用体系，提升政务服务的供给能力和生活用卡的便捷度"，并依托大数据平台，充分沉淀民生卡相关服务数据，推动民生卡服务数据在政务、金融、民生各领域的应用，全面提升市民用卡便利，改善城市综合服务功能。
8	上海	低代码平台	上海"一网统管"轻应用开发及赋能中心	响应"十四五"规划纲要中指出的要大力推行"城市运行一网统管"的国家目标，腾讯与上海市大数据股份有限公司携手建设赋能中心，面向各级城运基层应用单位和应用市场开发者提供综合服务，上线了首个低代码轻应用平台，打造"一网统管"+轻应用开发的新范本，依托低代码平台能力，切实解决基层单位需求响应慢、技术经验缺乏、应用集约化程度不够、应用合规性和安全性不足等问题，帮助基层快速实现高质量轻应用工具的投用并发挥效能。平台秉承开放共享的理念，跨层级地域、引多方参与，画好治理"同心圆"，建立良好的"一网统管"应用生态，实现"一网统管"数字城市治理的"最后一公里"新模式。目前平台访问量累计已超48000次，已上线200+轻应用，助力上海市16个区城运中心、6000+基层单位、18万政府基层用户、270万市场主体在治理数字化、服务数字化、城市数字化等方面持续升级。
9	贵阳南明	未来商圈	贵阳南明未来商圈	南明河旅游休闲区基础设施智能化改造项目（简称南明未来商圈项目）是腾讯产业互联网在新基建领域的首个综合性项目。结合南明区区位优势、产业基础、人口情况，构建循环联动的区域"商圈服务生态圈""社区服务生态圈""数字产业技术生态圈"，连接商场、市场、社区，成为政府主导的"私域流量"运营平台。融合智慧零售、智慧社区、城市码、低代码开发平台、企业微信等技术支撑，以国有平台公司为建设运营主体，构建政府主导的私域流量运营体系。项目充分继承了WeCity核心理念，利用腾讯核心平台能力，构建出数字底座+数字社区生活+数字商业消费的深度融合场景，为实践新基建生态与运营体系奠定了基础。

续表

序号	城市	解决方案	案例描述
10	长沙湘江	云启产业基地	长沙云启产业基地	湖南湘江新区落地首个腾讯云启产业基地。腾讯联合长沙市政府、本地高校等共同推进长沙当地云计算、大数据、物联网、人工智能等产业发展，助力本土产业数字化升级，积极打造具有核心竞争力的科技创新高地。为推动湖南湘江新区的人工智能产业发展，由湖南湘江新区管委会与腾讯云计算（长沙）有限责任公司联合打造"湘智云"项目，目前已引入10家产业生态公司落地长沙，重点扶持企业10余家，推动231家企业上云，联合本地12所高校共建人才生态，进一步加快传统产业升级转型，支持本地企业、高校和科研机构的信息化建设。
11	成都	智慧文旅	成都智慧绿道项目	"成都智慧绿道"依托云计算、大数据及人工智能领域技术，通过打造智能物联网与大数据中心，构建智慧绿道综合服务平台和综合管理平台，为绿道发展提供安全、稳定的基础建设，并从文化、体育、旅游、商业、农业五个方面为市民游客、企业商家及政府提供更加智能、高效的数字化服务，探索数字化技术在公园城市建设、运营、服务中的创新应用模式与场景，实践符合公园城市特征的数字化新动能、新服务、新空间体系塑造，实现生态价值、人文价值、经济价值、生活价值协同发展。
12	海南东方	社会治理	海南东方市社会治理平台	根据海南综治四位一体总体要求，通过"综治中心""视频联网""网格化管理平台""矛盾纠纷多元化解"和多元共治"微连心"应用建设，打造东方市"综治分平台"，实现综治工作规范化运行，形成省、市、乡（镇）、村、网格五级综合联动体系，全面提升各政府职能部门维护社会和谐稳定的能力和社会管理能力。
13	深圳南山	智慧住建	深圳湾超级总部基地	深圳超级总部基地被深圳定位为全球"未来城市"建设的巅峰之作，也是深圳智慧住建的先行示范。它是由政府出让地块并统筹开发建设的示范案例，全面响应"新城建"号召基于CIM的智慧城市开发统筹项目。腾讯云为此整合云游戏引擎、云渲染、数字孪生、地图数据服务、物联网等各项技术，将持续推进覆盖深圳超级总部全部35个地块，打通连接不同部门的数据"烟囱"，让参与深圳超级总部建设的各方都能在平台上统筹推进全片区智慧城市建设并长效运营。

续表

序号	城市	解决方案	案例描述
14	长沙	智能网联公交	长沙智能网联通勤定制公交项目	在湖南(长沙)国家级车联网先导区,腾讯与长沙市交警支队合作,通过大数据精准分析梅溪湖片区市民通勤特征,挖掘出梅溪湖小区与中电软件园的沿线通勤需求,从而定制推出通勤公交专线,采用全线智能网联主动式信号优先控制技术,实现运行时长缩减32%,到站准点率提升50%以上,解决等车焦虑问题,助力市民通勤数字化、智能化发展。
15	重庆	智慧出行	重庆渝悦行车生活出行服务项目	渝悦行是基于重庆本地电子车牌全覆盖的特点,融合电子车牌路侧感知数据,与城投金卡合作推出的出行服务App,为重庆市民打造本地特色导航地图、公交信息整合查询、医院商场等重点场所停车位预约、重点路段通行预约等应用,为市民提供多样化的交通出行服务;同时联合交警推出一站式在线交通政务办理,让市民足不出户办理驾驶证申领、违章处理等车驾管业务。